*Tabea Halbmeyer (Hrsg.)*

# Weihnachten in allen Stuben

## Geschichten für die Adventszeit

SCM Collection

**SCM**

Stiftung Christliche Medien



MIX
Papier aus verantwortungsvollen Quellen
FSC® C006701
FSC www.fsc.org


Bodenborn 43, 58452 Witten
Internet: www.scm-collection.de; E-Mail: info@scm-collection.de

Umschlaggestaltung: Ulrike Vohla, grafikdesign-storch, Rosenheim
Titelfoto: Stefan Körber/Fotolia.com
Satz: Mirjam Kocherscheidt, Witten
Druck und Bindung: CPI-Ebner & Spiegel, Ulm
Gedruckt in Deutschland
ISBN 978-3-7893-9584-0
Bestell-Nr. 629.584

# *Inhalt*

Eva-Maria Langenberg

# *Das geschenkte Fest*

„Mensch Meier! Seht euch das an! Der Mann an der Ecke, der so viele Weihnachtsbäume hatte, ist total ausverkauft. Hier, diesen letzten hat er mir geschenkt. Einfach so!" Christian musste erst Luft holen, so schnell war er gerannt, um seinen Geschwistern das Wunder zu erzählen und zu zeigen.

Da standen sie nun auf der Straße staunend um das armselige Bäumchen herum, das niemand hatte kaufen wollen. Der Vater der Kinder hatte seine Arbeit verloren und war gezwungen, jeden Gelegenheitsjob anzunehmen. Zurzeit half er im Kaufhaus Ware einräumen. Die Mutter musste in einem Lokal putzen gehen. Gerade heute, am Vierundzwanzigsten, war besonders viel zu tun. Das wussten die Kinder. Darum standen sie auf der Straße vor dem riesigen öffentlichen Weihnachtsbaum, den man vor lauter Lichtern kaum erkennen konnte. Auf diese Weise wollten sie sich ein bisschen Weihnachtsfreude holen. Und jetzt hatten sie unverhofft selber ein Bäumchen.

Es wurde langsam kalt. Schnee gab es noch nicht, doch der Wind kroch empfindlich unter die dünnen Anoraks.

Christian war der Älteste mit seinen zwölf Jahren. Die schwierige Situation zu Hause hatte ihn vor der Zeit reifen lassen.

„Jetzt aber schnell nach Hause mit euch in die warme Stube!“, kommandierte er, als er sah, wie das jüngste Brüderchen zu zittern anfing. Da sie nun selber einen Baum hatten, wollten die Kinder Vater und Mutter eine Freude machen und sie bescheren. Die beiden Schwestern Lieselotte, Lotte genannt, und Juliane, einfach Jule, waren besonders geschickt und hatten in der Schule bunte Ketten und Engel aus Goldpapier gebastelt. Wer weiß, vielleicht würden sich sogar noch Kerzen vom letzten Jahr in der Kommode finden? Geschwind machten sich die Geschwister auf den Heimweg, die Großen nahmen die Jüngeren bei der Hand.

Dabei stolperte der kleine Hannes und fiel einer eiligen Dame gerade vor die Füße. Eines ihrer vielen Päckchen rutschte aus dem Korb und fiel zu Boden. Das Einwickelpapier riss auf und die leckeren Plätzchen verstreuten sich auf dem Gehweg.

„Wie ärgerlich! Muss mir das Kind denn vor die Füße laufen?! Dann hebt mal schön die ganze Bescherung auf und werft sie weg.“

Das ließen sich die Mädchen nicht zweimal sagen. Sie bedankten sich, ehe sie sich nach den verstreuten Plätzchen bückten. Viele waren noch ganz. Rasch hoben sie auf, was zu gebrauchen war, und stopften sich die Jackentaschen voll. Wieder so ein unerwartetes Weihnachtsgeschenk!

„Alle jetzt nach Hause! Es wird kalt. Hannes zittert schon.“ Christian, mit dem Bäumchen voran, trieb seine Geschwisterherde an.

Endlich daheim. Im Wohnzimmer war es warm. Die Eltern waren noch nicht da. Das war gut. Ein großer alter Blumentopf wurde mit Kieselsteinen vom Hinterhof gefüllt und der Baum hineingestopft. Er stand fest. Lotte holte einen Teller, kramte aus ihren Jackentaschen die aufgehobenen Weihnachtsplätzchen und füllte den Teller. Lag auf dem Küchentisch nicht noch ein Apfel? Er passte prächtig in die Tellermitte. Jule und Christian schmückten den Baum. Da machten sich ihre gebastelten Papierketten wirklich gut und verbargen die Kahlheit des Bäumchens.

Aber die Eltern sollten auch beschert werden. Nur – was konnten die Kinder entbehren? Lotte fand in ihrer Schublade ein nagelneues Taschentuch, das sie zum Geburtstag geschenkt bekommen hatte. Julchen fing beinahe an zu heulen, denn sie hatte so gar nichts, was sie hätte entbehren können. Doch wie wäre es mit dem silbernen Taufflöffel? Den benutzte sie doch nie. So fand jeder irgendetwas Brauchbares. Alles wurde auf die weiße Decke gelegt, die unter dem Baum ausgebreitet war. Kerzen gab es genug vom Vorjahr.

Da hörten sie müde Männerschritte auf der Treppe. Der Vater! Die beiden Mädchen stellten sich vor die Wohnungstür. Der Vater musste in der Küche bleiben. Unter keinen Umständen durfte er vor seiner Frau in das „Weihnachtszimmer". Nicht lange danach kam endlich auch die abgearbeitete Mutter. Auch sie wurde in die Küche geführt. Aber da hatte sie ohnehin noch zu tun. In dem kleinen Gasthaus, wo sie ihre Putzstelle hatte, war jetzt Feierabend. Die Wirtin hatte ihr zum Abschied ein großes Paket in die Hände gedrückt mit Mahlzeiten, die nicht mehr serviert worden waren, dazu für den Vater eine Flasche Bier; und natürlich den Lohn für ihre fleißige Arbeit.

Die Mutter glühte förmlich vor Freude, dass sie den Kindern nun so etwas Gutes würde vorsetzen können.

Aber nun kam für die Eltern die Überraschung. Die Kinder hatten sich ihre besten Sachen angezogen und standen als dichtes Trüppchen vor der Wohnzimmertür. Jochen durfte sie aus der Küche holen und Christian klingelte mit dem alten Glöckchen. Die Mädchen nahmen Vater und Mutter an die Hand und führten sie in die Stube zu dem leuchtenden Christbaum und den bescheidenen Gaben darunter. Die Eltern vergaßen Müdigkeit und Arbeit und konnten nicht genug staunen. Keiner hatte an so ein Weihnachtszimmer gedacht. Die Kinder strahlten wie die Verkündigungsengel. Das Bäumchen schien doppelt so hell zu leuchten. Gerührt ließen die Eltern ihre Blicke über die liebevolle Bescherung unter dem Baum wandern. Die müde, aber überwältigte Mutter vermochte die Tränen nicht zurückzuhalten. Ihre kleine Schar! Der Vater hatte sich in den Sessel fallen lassen und hielt den kleinen Hannes, der eingeschlafen war, auf dem Schoß.

Aber nicht lange, dann verschwand die Mutter in der Küche und packte heimlich aus, was die freundliche Wirtin ihr für die Familie mitgegeben hatte. Lebkuchen, Vanillekipferl, Spekulatius – lauter richtiges Weihnachtsgebäck! Da brach Jubel bei den überraschten Kindern los. Ein echter Heiligabend! Und die Eltern hatten in den Wochen davor so traurig und beklommen sagen müssen, dass in diesem Jahr Weihnachten ausfallen würde. Doch die Liebe ihrer Kinder und anderer Menschen hatte dafür gesorgt, dass das Fest der allergrößten Liebe Gottes strahlender wurde denn je.

Wilma Klevinghaus

## *Der Weihnachtsengel*

Es war kein Weihnachtswetter. Es war überhaupt nichts weihnachtlich an diesem vierundzwanzigsten Dezember. Alles war schiefgelaufen in diesen Tagen. Sie hatte eine Menge Bücher gekauft, viel mehr, als ihr Geldbeutel eigentlich erlaubt hätte.

Und der, von dem sie sich noch etwas hätte leihen können über die Feiertage, hatte ausgerechnet vorgestern Schluss mit ihr gemacht. Nun saß sie in ihrem Zimmer und starrte vor sich hin. Wenn sie wenigstens Taxi fahren könnte wie einige ihrer Kommilitoninnen! Aber das hatte sie bisher noch nicht geschafft.

So war sie gestern Morgen noch einmal zum Arbeitsamt gerast. Die lachten sie aus. Alles vergeben. Nur bei der Weihnachtsmänner-Vermittlungsstelle schien noch Betrieb zu sein. *Weihnachtsmann oder Weihnachtsengel ist doch kein großer Unterschied,* dachte sie.

Dachte sie. Aber alle Welt schien aus ihr unerfindlichen Gründen nur Weihnachtsmänner zu suchen. Die schienen sogar Mangelware zu sein in diesem Jahr. Für Weihnachtsengel gab es offenbar keinen Bedarf. Und dabei besaß sie ein so herrliches Gewand, das sie sich irgendwann einmal zu einer Aufführung selbst geschneidert hatte. Nicht einmal eine Perücke hätte sie sich zu besorgen brauchen. Ihr langes krauses Blondhaar wallte wie auf einem Weihnachtsbild der alten italienischen Meister. Aber keine einzige Familie suchte einen Engel zum Freudebringen.

*Total überflüssig,* dachte sie bitter. Und mit einem Mal überkam sie die Lust, etwas völlig Verrücktes zu tun. Auf einen Weihnachtsbaum vor einem Kaufhaus zu klettern und zu singen etwa oder … oder einfach mitten am helllichten Tag im Engelsgewand auf die Straße …

Es war eine endlos lange, schnurgerade Straße. Rechts und links dieselben eintönigen Häuser. Kein Mensch weit und breit. Wohl selten sind die Straßen so leer wie um die späte Mittagszeit des vierundzwanzigsten Dezember, wenn die letzten Geschäfte ihre Türen geschlossen haben und die letzten Käufer in ihren Autos, zu Fuß oder mit den letzten Straßenbahnen nach Hause geeilt sind. Und mitten auf dieser toten Straße, an eine Wand geduckt, die Hände vor den Augen, ein Kind. *Was tut ein Kind, ein kleines Mädchen, um diese Zeit allein auf der Straße?*

„Was machst du denn hier?"

Hanna fuhr zusammen. Ein böser Onkel, vor dem die Lehrerin sie immer gewarnt hatte, mit ihm wegzugehen?

Sie wagte kaum aufzusehen. Aber die Stimme klang hell wie von einer Frau und schließlich wandte sie doch verstohlen den Kopf und hielt auf der Stelle den Atem an.

„Bi-bist du-du ein-ein E-Engel?“, stotterte sie.

Die Gestalt lächelte. „Wie du siehst.“

„Dann hat dich Gott mir geschickt!“, strahlte das Kind.

„Wieso?“

„Ich habe doch darum gebetet“, antwortete Hanna, kein bisschen verwundert. „Jetzt eben.“

„An der Hauswand?“ Die oder der Fremde sah wirklich himmlisch aus in dem langen weißen Gewand mit den wallenden Goldhaaren darüber.

„Bringst du mich nach Hause?“, fragte Hanna statt einer Antwort zurück.

„Wo bist du denn zu Hause?“

„Bist du ein Engel und weißt das nicht?“, fragte Hanna verwundert.

„Ein Kind wie du muss doch wissen, wo es wohnt. Darf ich dich nicht danach fragen?“, antwortete der Engel ausweichend.

„Kepplerstraße 38“, antwortete Hanna.

„Richtig“, antwortete der Engel wie zur Bestätigung. Er schien etwas zu überlegen. „Das ist aber noch ein ganz schönes Ende zu gehen“, meinte er dann. „Wir müssen uns beeilen, wenn wir nicht erst im Dunkeln zurückkommen wollen."

„Im Dunkeln?", fragte Hanna erschrocken. „Mama hat gesagt, wenn es dunkel wird, fängt der Kindergottesdienst an. Und dann ist Weihnachten. Aber wenn du bei mir bist …" Sie führte den Satz nicht zu Ende und legte scheu ihre freie Hand in die des Engels. Mit der andern hielt sie behutsam eine volle Tüte fest.

„Hast du auch einen Namen?", fragte sie nach einigen Schritten.

„Engel haben keine Namen."

„Aber der Engel, der zu Maria kam, hatte einen. Gabriel nämlich."

„Das war ja auch kein gewöhnlicher, sondern ein ganz besonderer. Aber du – du hast doch sicher einen."

„Klar. Das weißt du doch: Hanna."

„Genau: die Hanna aus der Kepplerstraße 38. Und wie kommst du hierher um diese Zeit? Deine Eltern haben doch sicher Angst um dich."

Hanna atmete tief durch. „Nur meine Mama. Mein Papa weiß nicht, dass ich weg bin. Er hat Dienst im Krankenhaus. Darum hilft Mama allein dem Weihnachtsmann, dass es auch ein schönes Fest wird.“

*Dem Weihnachtsmann* … Der Engel zuckte zusammen.

„Ich darf heute auch einen Engel spielen“, plauderte Hanna drauflos. „Nur spielen natürlich. In der Kirche beim Krippenspiel. Darum muss ich mich beeilen, damit ich rechtzeitig zu Hause bin. Ich bin ganz wichtig in dem Spiel. Ich muss den Hirten sagen, dass das Kind geboren ist.“

„Das Christkind?“

„Natürlich. Wer denn sonst?“

„Klar“, sagte der Engel; und dann: „Aber warum du ausgerechnet jetzt auf der Straße bist, wo alle Leute zu Hause warten, das hast du mir noch nicht erzählt.“

Hanna lüftete ein wenig das Päckchen, das sie in der andern Hand hielt.

„Hier: mein Weihnachtsgeschenk für Mama. Eine Laugenbrezel, ganz frisch. Eben war sie noch warm. Vom Brezelbäcker in der Stadtmitte. Der backt die besten Laugenbrezeln in der ganzen Stadt, sagt meine Mama. Nur diese eine Sorte mag sie. Und nur ganz frisch. Darum konnte ich sie doch erst heute besorgen.“

„Und die hast du dann ganz alleine eingekauft? Musstest du da nicht umsteigen? Kannst du das denn schon?“

„Ich bin doch schon ein Schulkind“, sagte Hanna stolz.

„Aber sicher noch nicht lange“, lachte der Engel.

„Seit diesem Sommer. Aber die Zahlen kann ich schon viel länger lesen!“

„Auch die Richtung?“, fragte der Engel lauernd.

Hanna wurde kleinlaut. „Ich bin auch richtig hingekommen. Das siehst du ja.“ Sie deutete auf die Brezel. „Und ich habe noch eine ganz große Brezel gekauft.“

Etwas verlegen fuhr sie fort: „Aber auf dem Rückweg, da fuhr die Bahn gleich durch bis zur Endstation. Und da, wo ich umsteigen musste, kam sie nicht vorbei.“

„Da bist du wahrscheinlich in die verkehrte Richtung gefahren“, vermutete der Engel.

„Vielleicht. Aber der Fahrer meinte, ich könne von der Endstation aus auch mit der Linie 34 bis zur Kepplerstraße fahren.“

„Und das hast du gemacht?“

„Ja, bloß: Die fuhr erst eine halbe Stunde später und auch nicht bis zur Kepplerstraße. Nur ins Depot. Vor der Einfahrt hielt sie und der Fahrer sagte: ‚Alles aussteigen. Schluss für heute. An Heiligabend fahren am Nachmittag keine Straßenbahnen mehr.'"

„Und da musst du nun zu Fuß nach Hause gehen?"

Hanna nickte. „Ich weiß aber den Weg nicht. Und es war auch niemand mehr auf der Straße, den ich fragen konnte. Da habe ich eben gebetet, dass Gott mir einen Engel schickt. Mama hat gesagt, manchmal hilft das."

„So, so", sagte der Engel.

In der Kepplerstraße 38 stand Hannas Mutter voller Unruhe am Telefon.

„Meine Tochter … Ja, verschwunden … Sie ist immer so zuverlässig … Wollte nur eben noch eine kleine Besorgung machen … Vor gut zwei Stunden … nein, schon bald drei."

„Sie wird sich verlaufen haben", beruhigte der Polizist am andern Ende der Leitung, „oder die letzte Straßenbahn verpasst. Drei Stunden gehen schnell herum. Gedulden Sie sich noch ein Weilchen. Ich kann es an die Streifen weitergeben, dass die Ausschau nach ihr halten. Für eine richtige Suchaktion ist es noch zu früh …"

„Aber Sie können doch nicht warten, bis es dunkel ist!", schrie die Frau ganz aufgeregt. „Sehen Sie sich doch die Straßen an! Leer und tot wie nie …"

„Ich bin so müde", jammerte Hanna nach einer Weile. „Wie lange dauert das denn noch?"

Die Häuser sahen alle so ähnlich aus. Sie kannte das. Es gab eine Reihe solcher Straßen in der Stadt.

*„Gut, dass wir hier nicht wohnen"*, hatte die Mama einmal gesagt, als sie mit der Straßenbahn durch eine solche fuhren, *„da kann man sich wirklich verlaufen."* Man musste immer auf die Straßenschilder achten. Noch waren die Namen ihr fremd.

„Bald sind wir da", beruhigte sie der Engel.

„Bald – das sagen all die großen Leute: Bald ist Weihnachten. Bald wird der Papa aufstehen dürfen. Bald … bald … Wann ist denn das: bald? Kannst du mir das sagen?" Sie sah auf ihre Uhr und dann erschrocken den Engel an.

„Du musst mir helfen. Ich muss nach Hause. Jetzt gleich. Nicht bald. Ich muss zum Krippenspiel. Du bist doch ein richtiger Engel, kein Spielengel wie ich. Kannst du mich nicht nach Hause zaubern?"

Der Engel hielt den Atem an.

„Zaubern? Ein Engel? Ich?" Schon wollte er seine ganze Ohnmacht zugeben. Da fiel ihm ein: „Engel zaubern nicht. Sie können was viel Besseres … Aber du darfst mich dabei nicht ansehen. Setz dich dort auf die Treppe. Warte einen Augenblick."

Gehorsam und voller Vertrauen folgte Hanna der Anweisung, kauerte auf der Schwelle des nächsten Hauses und schlug wie eine Weile vorher die Hände vor das Gesicht.

Der Engel indes zog in Eile sein Handy hervor und wählte voll irdischer Hast eine irdische Nummer.

„Erschrecken Sie bitte nicht … Ich brauche Ihre Hilfe … Weil doch Weihnachten ist … Es geht um eine Kind, das nach Hause muss …"

Die Dame in der Taxizentrale schüttelte lachend den Kopf, während sie den Anruf weitergab.

„Also, einen solchen Stuss hab ich mein Lebtag nicht gehört. Redet da jemand – eine Frau offenbar – etwas von Engeln daher und von Hilfe und kein Geld und von Weihnachten. Die muss wohl total betrunken sein …“

„Oder wirklich ein Engel …“, lachte eine Taxifahrerin, die sich zufällig in der Nähe der angegebenen Stelle befand und beschloss, sich die Sache auf alle Fälle einmal anzusehen. Als sie dort ankam, rieb sie sich die Augen. Stand doch da wahrhaftig mitten auf der Straße ein richtiger Engel bei einem Kind. Langsam fuhr sie näher, hielt an – und stutzte. *Der sieht doch aus wie …*

„Bist du verrückt, Gabri–?“, wollte sie loslachen. Aber der Engel zischte sie an: „Kein Wort jetzt! Ich erkläre es dir gleich.“ Dann rief sie mit heller Stimme: „Komm, Hanna! Die Engel von heute haben andere Methoden zu helfen!“

Hanna stieg hinten ein. Sogar einen Kindersitz gab es in dem Himmelsauto. Der Engel setzte sich nach vorn. Den ganzen Weg über unterhielt er sich mit der Fahrerin in irdischer Sprache. Zwar konnte sie nicht verstehen, worüber, aber sie hatte das Gefühl, dass die Zeiger ihrer Uhr sich ein wenig langsamer drehten, je schneller das Auto durch die leeren Straßen glitt. Und bald erkannte sie erleichtert die ersten vertrauten Gebäude.

„Die Kepplerstraße!“, sang sie beglückt. Jedenfalls hörte es sich so an. Genau vor der Nummer 38 hielt das Taxi an. Die Haustür war unverschlossen.

„Das ist sie tagsüber immer“, sagte Hanna. „Nur oben muss ich schellen.“

„Ich bringe dich hinauf“, sagte der Engel. „Womöglich ist deine Mutter gar nicht da und sucht dich irgendwo.“

An der Wohnungstür klingelte Hanna Sturm. „Mama, Mama!“, schluchzte sie vor Freude. „Mama, ich habe einen Engel gesehen! Den Engel Gabriel. Er hat mich hierher gebracht!“

Die Mutter hielt sie so fest, dass Hanna sich nicht einmal mehr umdrehen konnte. So sah sie auch nicht, dass der Engel sich lautlos zum Aufzug wandte. Als die Mutter sie endlich wieder auf den Boden stellte, war der Engel verschwunden.

„Jetzt ist er weg“, sagte Hanna ein kleinwenig traurig.

„Das haben Engel so an sich“, meinte die Mutter. „Die richtigen wenigstens. Solche wie du, die einen Engel nur spielen, müssen sich jetzt beeilen. Zum Umziehen für die Kirche reicht die Zeit nicht mehr. Aber unter deinem Engelsgewand sieht ja keiner, was drunter ist."

Behutsam legte Hanna die Tüte mit der Laugenbrezel auf die kleine Kommode im Flur, während die Mutter rasch ihren Mantel anzog.

Unten fiel Gabriele der Kommilitonin um den Hals. „Danke, dass du mitgemacht hast."

„Einem Engel kann man doch nichts ausschlagen", lachte diese, „schon gar keine zehn Euro Taxigebühr als Weihnachtsfreude für ein verlaufenes Kind."

„Und manchmal wird man dann selbst ein Engel", fügte Gabriele hinzu und zog sich das Gewand über den Kopf, während die Kommilitonin schon den Wagen startete. „Aber das muss man ja nicht aller Welt erzählen."

Erminia von Olfers-Patocki

## *Karlchens Weihnachten*

Aus dem ostpreußischen Dialekt ins Hochdeutsche übertragen

Es war einmal ein kleiner Junge von fünfeinhalb Jahren, der hörte auf den Namen „Karl". Bloß seine Oma, die die Mutter von seinem verstorbenen Muttchen war, die sagte zu ihm „Karlchen", und das gefiel ihm besser als „Karl". Aber seine liebe Oma, die bekam er nicht viel zu sehen, denn die wohnte eine kleine Stunde ab im Kirchdorf, und die hatte nur ein ganz kleines Stübchen im Armenhaus.

Karlchens Vater, der hatte ein Grundstück auf einem Abbau, da wirtschaftete er mit seiner neuen Frau – das war nun Karlchens Stiefmutter.

Eines Tages – es war gleich Weihnachten –, da kam das Karlchen in die Küche und sah zu beim Wurstmachen.

Seine Stiefmutter, die stand an dem Tisch vor einer großen Schüssel voll Blutwurstteig und füllte mit dem Löffel das rote Zeug durch ein Ende Kuhhorn in die Därme rein.

Die Lina, die hier Dienstmagd war, die hatte alle Darmenden mit dem Band zugebunden und hatte die Würste in langer Reihe auf den Tisch gelegt. Und die dicke Makutsche, die zur Hilfe gekommen war, die hatte in der Holzwanne die Därme gewaschen – einmal mit Schnee, einmal mit Salz und wieder mit Schnee und wieder mit Salz – und hatte sie gedreht und umgekrempelt, dann von allen Seiten besehen und mit einem Handtuch abgetrocknet und schließlich zerschnitten. Und dann hatte die Makutsche nach dem Herd gesehen, wo auf der Platte in dem großen kupfernen Topf die Würste kochten, und hatte ab und an Holz nachgelegt, dass die Flamme ganz rot aus dem Herdloch gesprungen ist.

Das hatte das kleine Karlchen alles gesehen und hatte was wollen zur Lina sagen. Aber dann hatte ihm die Stiefmutter gedroht und hatte geschimpft: „Jung, halt deinen Mund! Wenn du was sagst, dann platzen mir die Würste auf!“ Und keiner durfte ein Wort sagen.

Nur wegen der Würste da flüsterten sie sich was zu, und die Bäuerin fuchtelte mit den blutigen Händen durch die Luft, wenn sie was zu befehlen hatte.

Da ging das kleine Karlchen raus aus der Küche uns setzte sich in die Stube zum Vater auf die Kachelofenbank.

„Gibt es bald Abendbrot?“, fragte ihn der Vater nach einem Weilchen.

„Nee“, meinte das kleine Karlchen, „die Küche ist ganz voll Wurst! Die haben keine Zeit, für uns zu kochen.“

„Dann wird es wohl heut Abend schon Wurstsuppe mit heißer Leberwurst geben!“, sagte der Vater und griff nach der Mütze.

„Wenn die Mutter fragt, dann sagst du, ich sei gegangen, mir ein Fläschchen Rum holen – die Wurstsuppe schmeckt mit Grog besser!“ Indem machte er die Lampe aus und ging.

Das kleine Karlchen wusste, dass, wenn es in der Stube duster war, dass er dann in die Küche gehen musste. Darum schlich er sich wieder zurück und der warme Dampf schlug ihm um die Nase, und das roch alles nach Pfefferkraut und Majoran und nach Därmen und Fleisch.

Die Stiefmutter, die vermengte gerade die gequollenene Grütze mit Blut zusammen. Und der Ernst, der dem Bauern diente, stand und drehte die Fleischmaschine, damit die Schwarte klein gemacht wurde. Und die große Schüssel mit Fettstückchen zur Sülze stand auch da. Und der kleine Karl durfte nichts sagen und stellte sich bei dem Ernst hin und guckte zu, wie das zermahlene Schwartenfett aus der Fleischmaschine rauskam.

„Jung", zischelte die Stiefmutter, „kommst mir unter die Füße, geh in die Stube!"

„Da ist es duster", sagte der kleine Karl ganz leise, dass die Würste nicht sollten aufplatzen.

„Wo ist der Vater?", fragte die Stiefmutter.

„Der ist in den Krug gegangen, er wollte so gern Grog und Wurstsuppe."

„Setz dich da in den Winkel auf die Bank und iss!", befahl die Stiefmutter ihm. „Aber beeil dich, ich brauch den Teller!" Und sie schöpfte ihm einen Löffel voll.

Nun musste der Junge schlucken. Die fette Suppe wollte nicht recht rutschen, aber der kleine Karl nahm sich zusammen; wenn ein Stückchen trockenes Brot dazu gewesen wäre – aber das wagte er nicht zu bitten. Als er nun den leeren Teller wieder zurückgab, da sagte die Bäuerin: „Nun setz dich hin und spiel." Und sie nahm sechs Gänsegurgeln, die hingen in dem Schornsteinmantel auf ein Band gezogen und waren schon trocken.

Zusammengesteckt waren sie so wie runde Ringe, und Erbsen waren drinnen, dass sie hübsch klapperten. Die warf die Stiefmutter dem Jungen zu, und er setzte sich wieder auf die Bank in der Ecke, und die Katze sprang zu ihm rauf, und er spielte mit der Katze und mit den sechs Gänsegurgeln.

Auf einmal fragte der kleine Karl: „Wozu haben wir eigentlich Weihnachten?"

„Dummdreister Junge!", schimpfte die Bäuerin. „Wozu wir Weihnachten haben? Na – dass es soll Schweinsbraten geben und Wurst und Sülze und dass wir Fladen backen und Pfefferkuchen, dazu ist Weihnachten!"

Es wurde später und später. Der Sturm heulte im Schornstein und der Schnee machte auf der Scheibe kleine Musterchen.

Und als der kleine Karl eine Stunde oder zwei auf der Bank gesessen hatte, da fiel ihm der Kopf auf eine Seite und ihn überkam der Schlaf. Da nahm ihn die dicke Makutsche und trug ihn in die Stube auf das Bett und bestopfte ihn mit der schweren Zudecke, dass er konnte liegen bleiben und schlafen.

Dem kleinen Karl wurde es immer heißer unter der Zudecke und auf ihm lag die Katze und beschwerte ihn auch noch. Und der kleine Junge träumte was: Er sah vor sich einen großen dicken Mann, das war der Grützwurstmann. Dieser hatte einen Kopf so groß wie ein Mahlstein; und wo sonst der Hals sitzt, da war das mit Garn abgebunden, und aus den Augen quoll ihm die Grütze raus, und aus dem Munde standen Fettstücke so wie lange weiße Zähne. Und der Leib, Arme, Hände, Beine und Füße, das war alles aus Grützwurst und troff voll Schmalz. Die Glieder, die waren alle abgeschnürt mit Fäden. Dieser gewaltige Kerl kam näher und näher und drohte mit dem Wurstfinger und fiel über den kleinen Jungen und bedrückte ihn, dass er sich erschrak und laut aufschrie!

Zu dieser Zeit war der Bauer nach Haus gekommen, und er saß, als es schon zwölf geschlagen hatte, bei Grog und Wurstsuppe. Aber als er seinen Jungen im Bett schreien hörte, da ging er zu ihm, jagte die Katze runter und schlug das Zudeck zurück. Als er nun mit der Hand dem Jungen über den Kopf fuhr, wurde er gewahr, dass der kleine Karl schwitzig war, und sagte zu der Bäuerin: „Der Jung hat so große Hitze, der Junge ist krank!"

„Was?“, schrie die Frau. „Wer hat nun die Zeit, Doktor zu spielen? Ich nicht! Nun vor Heiligabend, bis die Wurst über Seit ist – und dann den Fladen zu backen und die Stube zu scheuern – und was noch alles ist! Hab ich Zeit, nach dem griesen Jungen zu sehen! Schick ihn weg, lass die Großmutter ihn nehmen!“

Und die Frau zog dem armen, verschlafenen und kranken Jungen seine Sonntagskleider an, band ihm ein dickes Tuch über die Mütze, zog ihm die Schuhe über die Füße und befahl dem Ernst, dass er sollte das Pferd vor den Schlitten spannen. Dann packte sie noch ein paar Pfefferkuchen zusammen – „… dass sie einen nicht bereden!“ – und setzte den Jungen in den Schlitten rein. Der Ernst stopfte ihm noch die Pferdedecke um die Füße und setzte sich dicht zu ihm ran, dass er ihn so recht bewärmen konnte.

Dann knallte er mit der Peitsche, und los ging es den schneeigen Weg lang. Die kalten Flocken fielen sacht und weich über sie. Das ganze Land war weiß, und nichts war zu hören, als hin und wieder eine Schlittenglocke und dass ab und zu ein Hund bellte. Die kalte Luft tat dem kleinen Karl gut. Er munterte sich rasch auf, und als sie durch den Wald kamen, wo die Tannenbäume standen, sagte er zum Ernst: „Ernst, wann ist Weihnachten?“

„Morgen ist Heiligabend“, sagte der, „und übermorgen ist Erstfeiertag.“

„Zu was ist eigentlich Weihnachten?“, fragte der kleine Karl.

„Na“, sagte der Ernst, „die Frau sagt ja: zum Fleischessen.“

„Das ist alles?“, fragte der kleine Karl.

Der Schlitten brachte sie weiter und weiter durch ein langes Dorf durch; da war vor jedem Haus unterm Strohdach in dem Schnee ein großer roter Fleck – das war vom Schweinschlachten. Aber nur vor einer einzigen Tür, da war das nicht, und das war das Häuschen am Ende des Dorfes, dicht am Kirchberg, und das war das Armenhäuschen. Und da hielt nun der Schlitten still und der Ernst band die Leine am Schwengel an und er zog den angepummelten kleinen Jungen ins Haus rein. Da war es ganz duster. Aber der Ernst klopfte rechter Hand an die Stubentür.

„Wer ist da?“, schrie die Oma mit ihrer hohen Stimme. „Wer ist's?“

Da setzte der Ernst den Jungen an die Erde und ging zurück zum Pferd. Und der kleine Karl schrie noch höher und juchzte gleich lustig auf: „Oma – ich! Oma – ich!“

„Karlchen, min Jung!“, schrie die Oma und schloss nach einem Weilchen die Tür auf und zog den Jungen rein, herzte und küsste ihn ab. Und die halbe Nacht bis Morgen erzählten sie sich – so viel hatten sie sich zu sagen.

„Karlchen, min Jung“, sagte die Oma, „das sind nun schöne Weihnachten für mich! Und wenn ich auch nicht ein fettes Schwein zum Schlachten gehabt habe, das schadet nuscht. Die Frau Pfarrer hat mir zwölf rote Äpfel geschenkt und die Frau Kantor brachte mir gestern einen langen Stremel Fladen. Das ist genug für dich und für mich, Karlchen, mein lieber Jung!“

Und vormittags, wie die Oma in ihrem kleinen Stübchen rumkraxelte, da lag der Junge in einem guten gesunden Schlaf und die Oma ging alle Weilchen einmal an das große Himmelbett ran und schlug ganz sachte die gewürfelte Gardine zurück und betrachtete sich den Jungen. Und dann sah sie in Gedanken in das Gesicht von ihrer Tochter, die das Muttchen vom kleinen Karl gewesen war! Aber sie ließ den Jungen nun noch schlafen und drusseln.

Nicht weit vom Kirchberg, da fing der Wald an und der Förster war ein freundlicher Mann; zu ihm ging sie und er schenkte ihr ein kleines Tannenbäumchen, und die Frau Förster gab ihr ein paar bunte Lichterlein und eine Tüte voll Pfeffernüsse dazu, denn sie wusste, dass das alte Frauchen im Armenhaus wohnte.

Zu Hause putzte sie das Bäumchen aus, hing alles, was sie hatte, dran, und der kurze Tag ging rasch vorbei.

Und wie das Sonnchen überm Schnee unterging, da nahm die Oma die Heilige Schrift und setzte sich die Brille auf und fing am Fenster an zu lesen.

Mit einem Mal juchzte was in ihrem großen Himmelbett und die Gardinen flogen auseinander. „Oma, min Oma!“, schrie der kleine Junge und hatte ganz klare ausgeschlafene Augen.

„Karlchen, min Jung!“, sagte die Oma, und die klaren Tränen rollten ihr vor Freude von der Wange runter. Und sie wusch ihn, zog ihn an und gab ihm Kaffee und Fladen.

„Ach, Oma“, sagte Karlchen, „das gefällt mir, dass ich hier nicht brauche Wurst zu essen, ich kann denen ihre Würste nicht mehr sehen – mir graut davor! Sag mal, Omachen, zu was ist bei dir Weihnachten?“

„Wirst sehen, min Jung!“, sagte sie. Da fingen die Glocken draußen an zu läuten. Und die Oma zog dem Jungen Handschuhe an und setzte ihm die Mütze auf und nahm ihn an die Hand und ging mit ihm in die Kirche.

Der kleine Karl hatte noch kein Mal eine Kirche von innen gesehen. Da standen zwei große helle Weihnachtsbäume zu beiden Seiten vor dem Altar und die Orgel spielte und die Schulkinder sangen:

*Ihr Kinderlein, kommet, o kommet doch all*
*zur Krippe her kommet in Bethlehems Stall*
*und seht, was in dieser hochheiligen Nacht*
*der Vater im Himmel für Freude uns macht.*

*O beugt wie die Hirten anbetend die Knie,*
*erhebet die Händchen und danket wie sie;*
*stimmt freudig, ihr Kinder, wer wollt sich nicht freun?*
*Stimmt freudig zum Jubel der Engel mit ein.*

Und die ganze Kirche war voll von Menschen aus allen Dörfern in der Runde. Bloß dem kleinen

Karl sein Vater mit seiner Frau, die waren nicht da, denn die feierten Weihnachten auf eigene Art.

Wieland Schmid

## *Nur Arbeit im Kopf …*

„Mit dem möchte ich auch nichts zu tun haben“, sagte ich und wies mit einer Kopfbewegung zu den beiden erleuchteten Fenstern eines einstöckigen Büroanbaus, an dem wir während unseres allabendlichen Spaziergangs vorbeikamen. „Immer brennt da drin Licht. Offenbar hat dieser Mensch nichts anderes im Kopf als seine Arbeit, sogar an Weihnachten!“

„Kennst du ihn denn?“, fragte Jutta, meine Frau.

„Nein“, entgegnete ich, „und ich lege keinerlei Wert darauf, ihn kennenzulernen. Es muss ein recht unangenehmer Mensch sein.“

Ich trat etwas näher an den Zaun heran, hinter dem das Büro zwischen verschneiten Sträuchern lag. „Steuerberater“, las ich.

„Vielleicht berät er gerade einen Kunden, der mit dem Finanzamt Probleme hat“, meinte Jutta. „Das wäre doch durchaus denkbar.“

„Solche Probleme hat jeder mal“, sagte ich mürrisch, „aber wer lässt sich schon an Weihnachten beraten? An Weihnachten denkt man –“

Jutta lachte. „Ich weiß schon, woran du an Weihnachten denkst, aber nicht jeder ist so romantisch veranlagt. Ich könnte mir denken, dass jemand, der das ganze Jahr über mit Geld und Steuern und Finanzämtern zu tun hat, mit der Zeit romantische Anwandlungen verliert.“

Ich brummte vor mich hin. „Auch gestern brannte Licht – am Heiligen Abend! Wirklich, ein armer Mensch.“

Auch am nächsten Abend brannte im Büro Licht und auch wieder am darauffolgenden. Kopfschüttelnd blieb ich stehen. Eigentlich ging es mich ja nichts an, aber trotzdem ärgerte ich mich über diesen Menschen. Mit Leuten, die immerzu arbeiten, ist schwer auszukommen. Basta!

Während ich so dastand und düstere Gedanken hegte, öffnete sich die Tür des Büroanbaus und ein Mann trat heraus.

Offenbar war es der Steuerberater höchstpersönlich. Was sollte er denken, wenn ich da in der Dunkelheit im Schnee stand und auf seine Bürofenster starrte?

Schnell wandte ich mich ab, aber da sprach er mich auch schon an.

„Wollen Sie zu mir? Ich habe schon einige Male beobachtet, dass Sie so interessiert herschauen. Kann ich Ihnen in irgendeiner Hinsicht behilflich sein?"

Verlegen suchte ich nach einer Ausrede und zugleich ärgerte ich mich über mich selbst. Da hatte ich mich nun in eine recht peinliche Situation gebracht.

Doch ehe mir etwas halbwegs Glaubhaftes einfiel, fuhr der Mann fort: „Ich hatte nicht daran gedacht, dass man durch die Vorhänge durchsieht, vielleicht haben Sie sogar das Geräusch bei mir drin gehört?"

„Bitte, entschuldigen Sie vielmals", unterbrach ich ihn, „es war nur, weil auch an den Feiertagen bei Ihnen das Licht brannte, und ich wunderte mich, dass jemand da so in die Arbeit vertieft war."

Zum Glück fiel mir noch etwas Besseres ein und ich sagte: „Übrigens, darf ich mich vorstellen" – ich nannte meinen Namen –, „ich bin ein entfernter Nachbar; nicht dass Sie am Ende meinen, ich wolle hier etwas ausspähen!"

Er lächelte. Kein unsympathisches Lächeln. Überhaupt schien mir der Mann in keiner Weise unsympathisch.

„Hätten Sie Lust, auf einen Sprung bei mir hereinzuschauen? Aber ich weiß freilich nicht, ob Sie so etwas interessiert …"

„Aber gewiss doch", antwortete ich, obwohl ich nicht das geringste Bedürfnis verspürte, sein Büro zu besichtigen.

Er ging mir voraus durch einen kleinen Vorraum, öffnete dahinter eine Tür und trat zur Seite, um mir den Vortritt zu lassen. Ich machte einen Schritt – und blieb überrascht stehen. Vor mir war die prachtvollste Eisenbahnanlage aufgebaut, die ich je in einem Privathaus gesehen hatte: mehrere Züge, drei Bahnhöfe, blinkende Lichter an Bahnübergängen, vor denen sich Autos stauten, eine kleine Stadt, zahlreiche menschliche Figuren in den Straßen, im Hintergrund eine Gebirgslandschaft, auf deren höchstem Berg eine Seilbahn fuhr.

„Wissen Sie“, sagte der Mann, und ich zuckte bei seinen Worten zusammen, so gebannt schaute ich auf das, was ich da sah, „eine solche Anlage war schon immer mein heimlicher Traum, aber meine Familie hält nicht viel davon, eigentlich überhaupt nichts. Dazu sei ich schließlich wohl zu alt. So habe ich mir das alles in meinem Büro aufgebaut, nur über Weihnachten bis nach Neujahr natürlich. Einstweilen kann dort auf dem Schreibtisch die Arbeit getrost warten. Man muss schließlich auch mal für andere Dinge Zeit haben als nur immer für die Arbeit. Ab und zu verschwinde ich von zu Hause und ziehe mich hierher zurück in meine eigene Traumwelt. Im angrenzenden Zimmer stehen noch eine große Burg mit Rittern und ein Fort mit Indianern und Trappern. Sie müssen es sich ebenfalls ansehen. So spiele ich gelegentlich stillvergnügt mit all diesen Dingen, für die es zu meiner Kinder- und Jugendzeit nie reichte, und wenn dann über Weihnachten hinter den Fenstern die Lampen brennen, denken sicher manche Passanten: *Ein armer Mensch, hockt in seinem Büro und hat nur Arbeit im Kopf!* Übrigens lade ich Sie ganz herzlich ein mitzumachen – vorausgesetzt, Sie haben Sinn für dergleichen …"

Ich lächelte. „Aber ganz gewiss, sogar sehr gerne. Und das, was die Leute so denken und reden – jeder denkt eben so, wie er's versteht, und das ist oft nicht viel …"

Am nächsten Abend meldete ich mich bei Jutta ab. „Ich gehe noch auf einen Sprung zu Dr. Krämer. In einer Stunde bin ich wieder zurück."

„Was?", rief sie. „Ist das denn nicht der Steuerberater, der immerzu arbeitet?"

Ich lachte. „Ich erzähl dir heute Abend, was er so alles macht. Aber jetzt muss ich schnell zu ihm, es ist schon spät. Er will mich übrigens in einer bestimmten Sache beraten, die mich schon lange beschäftigt …"

Und das war nicht einmal geschwindelt!

Kurt H. Möller

# *Fröhliche Weihnachten, Frau Ossenkopp!*

Heute hatte Mutter es ihm besonders eingeschärft, zu grüßen und „Fröhliche Weihnachten" zu wünschen, auch wenn es Frau Ossenkopp geben würde. Sie wohnte im zweiten Stock, genau unter ihnen, der kinderreichen Familie, die dort bei einer Tante untergekommen war, nachdem ihre eigene Wohnung dem großen Krieg zum Opfer gefallen war. Und mit den Kindern war Leben, manchmal gar zu lebendiges und lautes Leben, in das bis dahin stille Haus eingezogen. Wer wollte es der alten Dame verübeln, dass sie sich gegen die Unruhe wehrte und sich allerlei Schikanen ausdachte, in der Hoffnung, dass die Frau mit den Kindern bald wieder ausziehen würde? Aber wo sollte die junge Mutter denn hin? Nein, sie musste bleiben und sich einrichten. Ganz energisch widersprach sie jedes Mal, wenn ihre Kinder von der „Ossenkoppschen" sprachen, obwohl sie ihr in Gedanken längst auch diesen wenig schmeichelhaften Namen beigelegt hatte.

Jene war aber auch ständig am Nörgeln und Meckern. Entweder waren die Kinder zu laut oder sie schleppten zu viel Dreck mit ins Haus. Oder sie hatten nicht gegrüßt oder hatten ein anderes Mal aus lauter Schabernack die Fußmatte mit der der Mieterin im Parterre vertauscht. Das mochte stimmen oder nicht. Jedenfalls war ein Klima entstanden, dass man sich besser aus dem Weg ging und keinen zusätzlichen Anlass zu Klagen gab. Wenigstens höflich grüßen könnten die Kinder, das sei nicht zu viel verlangt. „Lieber einmal zu viel als zu wenig", hatte die Mutter ihnen eingeschärft – und heute, am ersten Weihnachtstag, besonders.

Mit dieser Anweisung hatte sich Jürgen auf den Weg gemacht. Der neue Ball sollte draußen ausprobiert werden, bevor sich wieder jemand über das Gehopse beim Spielen in der kleinen Küche beschweren würde, was durch die Holzsohlen unter den Stiefeln besonders kräftig durchs Haus polterte. „Bring gleich die Kartoffelschalen mit runter zu Frau Ruhnke für ihre Kaninchen!" Damit drückte Mutter ihm eine große Emailleschüssel in die Hand, die bis zum Rand mit so viel Kartoffelschalen gefüllt war, wie bei einer sechsköpfigen Familie in jener Zeit anfielen, wenn es weiter nicht viel zum Mittagstisch gab. Kaum halten konnte Jürgen die Schüssel mit dem großen Gummiball obendrauf, der immer wegrollen wollte, bis er ihn schließlich mit vorgeneigtem Kopf und dem Kinn auf die Kartoffelschalen drückte. So ging oder schlich er auf Zehenspitzen durch das Treppenhaus, vorsichtig an der Wohnung von Frommanns vorbei, deren Eingang direkt am Treppenabsatz lag. Sehen konnte Jürgen nichts und bei seiner behutsamen Gangart balancierte er mehr, als er ging. So kam es, wie es kommen musste. Warum hatte die Frommannsche ihren vollen Ascheimer auch wieder direkt an der ersten Treppenstufe abgestellt in der Hoffnung, dass ein freundlicher Mensch ihn mit hinunternehmen und ausleeren würde?

Das war nun nicht mehr nötig. Der Eimer polterte zuerst die Stufen hinab, nahm richtig die Biegung der Treppe, überschlug sich einmal, zweimal, wurde dabei immer leichter und flog umso fröhlicher und höher, bis er mit lautem Geschepper, eine breite Aschenwolke hinter sich lassend, vor der Wohnungstür der Ossenkopp stehen blieb, richtig so, als hätte ihn jemand dort abgestellt.

Als Nächstes kam der Ball, nicht weniger lustig hopsend, den gleichen Weg hinunter. Nur dass er einen Zickzackkurs nahm von der Wand zum Treppengeländer und zurück, bis auch er an die Wohnung der Geplagten anklopfte, noch einige Male auftippte und schließlich ermattet liegen blieb. Jürgen hatte noch versucht, ihn festzuhalten, was natürlich mit der Emailleschüssel vor dem Bauch nicht so recht gelingen wollte. Fast hätte er die Schüssel auch noch fallen lassen. Aber instinktiv klammerte er sich mit beiden Händen an dem Behältnis fest, ohne Rücksicht darauf, dass er selber nun mit dem Kopf voran den Abgang antrat. Wie wenn er Liegestütze machen wollte, sauste er mit durchgedrückten Knien und vorgeschobenen Armen von Stufe zu Stufe. Auf jeder Stufe schlug erst die Emailleschüssel auf und ließ die Kartoffelschalen etwas hopsen. In gleichbleibendem Abstand polterten dann einige Stufen höher die Holzsohlenstiefel hinterher. So ging es abwärts, genau achtzehn Mal. Wie ein Bobfahrer nahm Jürgen die Biegung, immer darauf bedacht, die hochfliegenden Kartoffelschalen nicht in den schreckgeweiteten Mund zu bekommen und mit den Knien nicht die Stufen zu berühren.

Natürlich war Frau Ossenkopp schon beim Flug des Ascheimers von ihrem Stuhl aufgeschossen und, so schnell sie konnte, an die Tür geeilt. Und kurz nachdem auch der Ball um Einlass gebeten hatte, hatte sie die Schlüssel aus der Schürze genestelt und aufgeschlossen. Zweimal herum. Sie schloss immer zweimal ab, man konnte ja nie wissen, wer ins Haus kommen würde. Sie kam gerade richtig, um die Tür für Jürgen zu öffnen, der holterdiepolter mit hochrotem Kopf, athletisch durchgedrücktem Körper und einer nicht mehr ganz gefüllten Emailleschüssel voll Kartoffelschalen durch ihre Beine in den Wohnungsflur sauste, zu guter Letzt noch den ziemlich leeren Ascheimer mitnehmend. Die Vollbremsung bewirkte, dass sich der Rest der Kartoffelschalen und des Eimerinhalts auf dem Läufer ausbreitete.

Jürgen, ein gut erzogener Junge, befolgte noch im Liegen die Anweisung der Mutter und rief aus Kartoffelschalen und Ascheimer heraus ein „Fröhliche Weihnachten, Frau Ossenkopp!"; dann griff er mit der einen Hand nach der leeren Schüssel und mit der anderen nach dem Ball und sauste wie ein geölter Blitz – wer wollte ihm verdenken, dass er nun keine Rücksicht mehr auf Gepolter nahm? – die übrigen zwei Treppen hinunter.

Frau Ossenkopp stand noch eine ganze Weile wie angewurzelt da und grüßte nicht zurück.

Eva-Maria Langenberg

## *Der verlorene Schlüssel*

In diesem Jahr war es erstaunlich früh kalt geworden. Die Kinder wünschten sich sehnlichst, dass die großen Schlittschuhteiche endlich zufrieren und zum Schlittschuhlaufen freigegeben würden. Und eines Tages sprach es sich herum: Der Schlossteich war zu! Die Eintrittsbude stand schon auf dem Eis, ebenso die Bänke, wo man sich die Schlittschuhe mit dem Schlüssel an die Stiefel schrauben konnte.

Die vier Geschwister Hannes, Frieder, Irmtrud und Annmarie freuten sich, jedes auf seine Weise. Die beiden älteren Jungen hüpften natürlich nicht so vor Begeisterung wie die Mädchen, und sie hatten auch nicht die Absicht, mit den Schwestern zusammen aufs Eis zu gehen. Was hätten sonst die Kameraden gesagt!

Bis Weihnachten war es noch lang und die Wochen bis zum Heiligen Abend kamen Annmarie wie eine Ewigkeit vor. Aber nun, wo man Eis laufen könnte, würde die Zeit viel schneller vergehen. Der Vater schenkte jedem Kind eine Zehnerkarte und das hieß, dass man volle zehn Tage, natürlich erst nach den Schularbeiten, zum Schlossteich wandern und Schlittschuh laufen könnte.

Zum ersten Mal besaß Annmarie eigene, ganz neue, silbrig blanke Schlittschuhe, während sie sonst immer noch die alten von den Geschwistern geerbt hatte. Dazu hatte ihr der Vater den so wichtigen Schlüssel überreicht, mit dem die Schlittschuhe an die Stiefel geschraubt wurden. Er hatte sie ernst ermahnt, gut auf das Teil aufzupassen und es nicht zu verlieren. Annmarie knüpfte den Schlüssel an ein rotes Band und hängte ihn sich um den Hals.

Mit Schularbeiten, Weihnachtsbasteleien und vor allem dem herrlichen Schlittschuhlaufen flogen die Tage bis zum ersehnten Weihnachtsfest erstaunlich schnell dahin. Schon waren der erste und der zweite Advent vorbei.

Eines Tages passierte es: Ohne dass Annmarie es merkte, riss das Band mit dem kostbaren Schlüssel, rutschte von ihrem Hals, und der Schlüssel war verschwunden. Erst zu Hause entdeckte sie den Verlust mit heißem Schrecken. Verzweifelt suchte sie an allen möglichen und unmöglichen Orten. Vielleicht wäre so ein Schlüssel leicht zu ersetzen gewesen, wenn sie nur den Mut gehabt hätte, dem Vater das Missgeschick zu beichten. Aber das war für Annmarie völlig ausgeschlossen. Irmtrud, die solche Dinge immer sofort bemerkte, fragte irgendwann nebenbei, ob Annmarie denn plötzlich keine Lust mehr habe, aufs Eis zu gehen. Sie ahnte, was passiert war, aber sie wollte, dass die kleine Schwester es ihr selbst sagte. Doch Annmarie mochte niemandem davon erzählen. Es war eine schlimme Zeit. Jeden Tag musste Annmarie sich etwas Neues ausdenken, um der Familie zu erklären, warum ihr so plötzlich die Freude am geliebten Schlittschuhlaufen vergangen war. Schließlich, als auch die Eltern aufmerksam zu werden begannen, nahm sie zwar die Schlittschuhe und begleitete die Schwester zum Teich, aber ohne den Schlüssel konnte sie die Schuhe nicht an die festen Winterstiefel anschrauben.

Wenn Annmarie nur den Mut gehabt hätte, zu bekennen, dass sie die Mahnung des Vaters, gut aufzupassen, nicht befolgt habe! Der Verlust und das schlechte Gewissen, weil sie die Sache verschwieg, waren eine furchtbare Last. Dabei hatte sie doch aufgepasst! Wie hätte sie wissen können, dass so ein Seidenband im Lauf der Zeit aufscheuerte und riss! Sie wusste nicht mehr aus noch ein.

So kam der dreiundzwanzigste Dezember. Sonst hatte Annmarie immer gejubelt, wenn sie endlich die vorletzte Tür im Kalender öffnen konnte. Aber heute überließ sie alles der großen Schwester. Die Freude war ihr gründlich vergangen. Das ewige Versteckspiel, schließlich die kleinen Schwindeleien und zum Schluss gar die Lügen den Eltern gegenüber nahmen der festlichen Zeit den kostbaren Glanz. Annmarie hatte keinen Appetit und auch keine Lust zu ihren kleinen Weihnachtsarbeiten. Die Nähtischdecke für die Mutter hätte eigentlich noch fertig werden müssen. Stattdessen blieb sie auf Annmaries Schoß liegen und wurde nass von Tränen. Inzwischen wusste die ganze Familie Bescheid. Die Geschwister hätten der kleinen Schwester geholfen, aber die Eltern verboten es ihnen.

Der Tag verging und der Heilige Abend rückte unaufhaltsam näher. Der Vater und die Brüder trugen den großen Tannenbaum bei verschlossenen Zimmertüren durch den Flur und stellten ihn im Wohnzimmer auf. Auf den Betten der Mädchen lagen die Weihnachtskleider. Die Mutter kam rasch herein, die Mädchen zogen sich an und die Zöpfe wurden neu geflochten. All das gehörte zur großen Vorfreude auf das Fest.

Und da ertönte die Silberglocke! Mit zitternden Knien nahm Annmarie ihr kleines Tablett mit den bescheidenen Weihnachtsarbeiten in die Hände und schlich hinter den Geschwistern her. Als Letzte betrat sie die Weihnachtsstube. Aber die Weihnachtsgeschichte, die der Vater vorlas, die altbekannten Lieder, die Verse, die aufgesagt wurden, all das nahm Annmarie vor Kummer kaum wahr.

Doch plötzlich stockte ihr der Atem. Was hing dort ganz vorn an einem Tannenzweig? War es wirklich das rote Band mit dem verlorenen

Schlüssel, neu zusammengeknotet? Wer mochte es gefunden haben?

Ihr Bruder Frieder war es gewesen. Er hatte den Schlüssel auf dem Eis entdeckt und zu Hause hatte der Vater ihn gleich in seinen Schrank eingeschlossen.

Nun nahm der Vater mit ernstem Gesicht das Band mit dem Schlüssel vom Zweig und hielt es hoch. Annmarie wurde erst tiefrot und dann senkte sie den Kopf ganz tief, als wollte sie unter den Teppich versinken.

Nie wieder würde sie den Eltern etwas verschweigen! Die letzten Wochen und Tage waren unerträglich gewesen. Aber nun war endlich alles gut. Sie sah nicht, wie es um die Mundwinkel des Vaters zuckte. Die Eltern hatten ihr freundlich verziehen. Jetzt konnten Freude und Dankbarkeit in Annmaries Herz einziehen. Es war wirklich Weihnachten geworden!

Simone Erhardt

# *Bei Nacht und Nebel*

Ein spärliches Licht fiel von den Straßenlampen durch die finstere Nacht und beleuchtete die Gehwege. Ein Hauch von Frost lag in der Luft, erste Eiskristalle bildeten sich in den frühen Morgenstunden an den Zäunen und Autos, den Laternenmasten und Tannenzweigen in den Blumenkästen. Keine Wolke bedeckte den Himmel. Kleine, ferne Sterne strahlten hell in der Schwärze des Alls, selbst hier, wo die Lichter der Stadt normalerweise mit der nächtlichen Himmelspracht um die Wette leuchteten. Von ferne vernahm man das leise Rauschen des Straßenverkehrs, ansonsten war es völlig still und noch viel zu früh für die ersten Amseln, um den neuen Tag anzukündigen. Ein Fuchs huschte lautlos über die Straße, drückte sich durch einen Zaun und war wieder verschwunden. Im nahen Park stieß ein Käuzchen seine heiseren, klagenden Rufe aus, in einem vom Herbst liegen gebliebenen Laubhaufen raschelte es. In so manchem Fenster blinkten

Weihnachtssterne und Kerzenbögen, hier und da stand ein Nadelbaum im Glanz einer Lichterkette, sogar beleuchtete Weihnachtsfiguren konnte man vereinzelt vor den Häusern sehen. Die Welt bereitete sich auf das nahe Krippenfest vor und schien sich im Schutz der Nacht zu sammeln.

Hastige Schritte erklangen, kamen rasch näher und schallten laut durch die Stille. Dann, plötzlich, hielten sie inne. Eine dunkel vermummte Gestalt sah zu Boden, bückte sich, untersuchte etwas und hob es auf. Es war eine schmutzige Nylonstrumpfhose. Der Finder murmelte kaum wahrnehmbare Worte, atmete erleichtert auf und machte kehrt, eilte so schnell davon, wie er gekommen war. Kurz darauf hörte man metallisches Klingen und Klappern, als ein gerissener Keilriemen ersetzt wurde. Dann wurden Türen zugeschlagen und ein schwerer Dieselmotor gestartet, der tuckernd in der Ferne verschwand. Weihnachtsfiguren und Lichterketten klapperten auf der Ladefläche. Es wurde wieder still wie zuvor, als wäre nie etwas passiert, als läge die Nacht noch immer unberührt über allem. Sie hüllte den Mantel des Schweigens über das, was geschah.

Es war früh und noch immer dunkel, kalt im ganzen Haus. Nora war wie immer die Erste, die durch die Zimmer ging, die Rollläden hochzog, die Heizungen aufdrehte, die Lichter einschaltete und dann in der Küche anfing, das Frühstück vorzubereiten. Es war die Ruhe vor dem Sturm, und sie liebte die frühen Morgenstunden, oft die einzige Zeit des gesamten Tages, die sie für sich hatte. Sie war noch müde, war zu spät ins Bett gegangen und hatte unruhige Träume gehabt. Nora schob die schlechte Nacht auf die Weihnachtsvorbereitungen, die immer anstrengend waren, doch in diesem Jahr besonders, weil über die Feiertage ungewöhnlich viele Menschen im Haus sein würden. Bis spätabends hatten sie am Vortag Geschenke eingepackt, Stollen gebacken und anschließend die Küche geputzt. Heute wollten sie noch einmal Plätzchen backen, auch für diejenigen, die über die Feiertage nach Hause gingen, damit sie welche für ihre Familien mitnehmen konnten.

Nora zog im Speisesaal den ersten Rollladen hoch. Als sie in die Dunkelheit hinausblickte, völlig ahnungslos in Erwartung eines finsteren Morgens wie sonst auch im Winter, erstarrte sie. Dann machte sie auf dem Absatz kehrt und rannte hinauf, um die Kinder zu wecken.

Wenige Minuten später stürmten achtunddreißig eilig angezogene Kinder und Jugendliche von zwei bis neunzehn Jahren durch die große Haustür hinaus in den Hof und sahen verwundert, was der Tag ihnen Überraschendes brachte. Manche waren still und staunten nur, andere jubelten oder riefen begeistert, während ihr Atem in weißen Wolken aufstieg. Auch die Betreuer gesellten sich dazu und rätselten nicht minder, woher all das kam. In der Mitte des Hofes, wo sich eine abgegrenzte Rasenfläche um eine mächtige Tanne befand, erstreckte sich jetzt so etwas wie ein Weihnachtswunderland, entstanden über Nacht durch unbekannte Hände. Der große Baum war von oben bis unten mit Lichtern und roten Kugeln geschmückt. Auf dem Gras standen ein Schlitten mit acht Rentieren, ein lachender Weihnachtsmann mit einem Sack voller Geschenke, verschiedene Waldtiere wie Rehe und Eichhörnchen – alle leuchteten fröhlich und waren aus wetterfestem Kunststoff. Auf der anderen Seite des Baumes war eine Krippenszene aufgebaut, fast lebensgroß. Hier strahlte ein einzelnes Licht im

Stall und erhellte die Figuren – Maria und Josef, die sich über die Krippe beugten, in der das kleine Kind lag; Ochse und Esel, die dabeistanden und über alles wachten.

Der Raureif, der sich über Nacht gebildet hatte, überzog das Gras, den Baum, die Gebäude mit einer weißen Schicht und verlieh ihnen einen weihnachtlichen Zauber. Nora traute ihren Augen noch immer kaum und konnte sich nicht erklären, woher das alles kam. Irgendjemand hatte sich die Mühe gemacht, in der Nacht herzukommen und alles aufzubauen, um den Bewohnern des Kinderheimes eine Freude zu machen. Sein Vorhaben war ein voller Erfolg, das sah sie, und auch die Betreuer waren gerührt und begeistert. Es war ein so schönes Geschenk vor allem für die Kinder, die über Weihnachten nicht zu ihren Eltern konnten. Nora wischte sich eine Träne von der Wange. Vielleicht würden sie nie erfahren, wer der Spender war. Doch Gott konnte sie danken, und das tat sie.

Während die anderen beim Frühstück saßen, schlich Viktor in sein Zimmer hoch, holte seine Schatzkiste hervor und setzte sich damit aufs

Bett. Er nahm ein Blatt seines ganz besonderen Schreibblockes, auf dem er nur außergewöhnliche Dinge notierte, überlegte eine Weile und fing dann an zu schreiben:

*Liebes Christkind!*
*Erst wollte ich dir nicht schreiben, weil die anderen sagen, es gibt dich gar nicht. Aber heute habe ich gemerkt, dass es dich doch gibt. Die Lichter vor unserem Haus sind wunderschön und ganz toll. Danke dafür und dass du uns nicht vergessen hast. Ich hoffe, ich bin nicht zu spät mit meinem Wunsch, weil ja schon fast Weihnachten ist und du bestimmt viel zu tun hast. Ich wünsche mir einen neuen, schönen Fußball, einen, der nur für mich ist. Natürlich würde ich auch andere damit spielen lassen, aber ansonsten wäre er in meinem Schrank, und ich könnte ihn anschauen, wann immer ich wollte. Vielleicht könntest du dafür sorgen, dass ein Autogramm von Mesut Özil drauf ist, oder vielleicht auch von Basti Schweinsteiger und Lukas Podolski. Wenn das alles nicht geht, wäre auch eins von Michael Ballack okay.*
*Hochachtungsvoll, dein Viktor.*

*PS: Danke schon mal, auch wenn der Brief doch zu spät dran wäre.*

Hoch konzentriert las Viktor durch, was er geschrieben hatte, verzierte die Is mit kleinen Fußbällen und malte sicherheitshalber noch Sterne in die Ecken des Blattes. Dem Christkind musste der Brief schließlich gefallen. Dann war er zufrieden und fand, dass er alles gesagt hatte, was es zu sagen gab, und dass jeder verstehen musste, was er meinte. Er hoffte inständig, dass das Christkind auch drei Tage vor Weihnachten noch alle Briefe rechtzeitig erhielt und las. Im nächsten Jahr würde er wieder früher schreiben, das nahm er sich ganz fest vor. Mit bangem Herzen und voller Hoffnung leckte Viktor den Umschlag ab und klebte ihn zu.

Kurt H. Möller

# *Maria, Petrus und Gernot*

Siebenundzwanzig Jahre war er nun Pastor und nicht ein einziges Mal hatte er seine Gemeinde zum Gottesdienst versetzt, am Heiligen Abend schon gar nicht. Und nun das!

Niedergeschlagen und entsetzt über sich selber ging Gernot in dem kleinen Raum auf und ab. Vier Schritte hin und vier Schritte her, von der Tür zum Fenster und wieder zurück zur Tür. Energisch, mit einem hässlichen Klick war sie vor drei Stunden hinter ihm ins Schloss gefallen.

Höhnisch gegrinst hatte der junge Grenzbeamte, als er ihn mit den Worten „Na, denn predigen Sie man schön“ in der Arrestzelle der Grenzstation eingeschlossen hatte.

„Predigen Sie man schön ...“ Jetzt würden wohl die ersten Gottesdienstbesucher die kleine Kirche in seinem mitteldeutschen Geburtsort Gersleben betreten, um einen guten Platz zu bekommen. Am Heiligen Abend waren die Gottesdienste auch in der DDR gut besucht. Selbst stramme Parteimitglieder ließen sich gerne in diese ganz andere Welt fallen, in der von Liebe und Hoffnung, von Ewigkeit und längst vergangenen Bethlehemer Geschichten gesungen und erzählt wurde. Einmal im Jahr der Seele nachgeben, ihren Durst stillen und das parteipolitische, sozialistische Programm mit all seinen Ungereimtheiten wenigstens für ein paar

Stunden vergessen. Sich einfach den Kindheitserinnerungen und Träumen hingeben. Sogar einen Stasioffizier hatte er einmal in der letzten Reihe während eines Gottesdienstes ausgemacht. Zu ungelenk war dessen Mittun bei den Gepflogenheiten der christlichen Gemeinde ausgefallen, zu schräg war sein Gesang gewesen und zu laut das ihm wohl noch aus Kindheitstagen bekannte Vaterunser.

Seit Jahren war Gernot immer mal wieder in seinem Heimatdorf zum Predigen eingeladen worden, aus dem er kurz vor dem Mauerbau noch „rübergemacht“ hatte, wie man die Flucht in den Westen auch nannte. Den Kontakt zu seiner Cousine, der einzigen Verwandten, die noch dort lebte, hatte er intensiv gepflegt mit Briefen, Päckchen und Besuchen, so wie es Zeit und Geld erlaubten. Diese Cousine hatte auch im Kirchenvorstand vorgeschlagen, ihn doch predigen zu lassen, wenn er auf DDR-Besuch dort sei, um den eigenen Pastor zu entlasten, der ja noch zwei weitere Gemeinden in den Nachbarorten zu betreuen hatte. „Ein Grußwort sagen“, wie die offizielle Sprachregelung hieß, denn Vorträge halten oder gar Predigen war „Westlern“ im Osten nicht gestattet. Gerne hatte Gernot dieses Angebot angenommen und so war im Laufe der Jahre zwischen ihm und dem Ortspfarrer wie auch der ganzen Gemeinde ein herzliches Miteinander entstanden. In diesem Jahr nun hatte er für die Christvesper am Heiligen Abend zugesagt. Das erste freie Weihnachtsfest in seinem Pastorenleben wollte er der Gemeinde seines Heimatdorfes schenken.

Doch statt in der alten gotischen Backsteinkirche den Gottesdienst zu feiern, lief er in dieser grauen Betonzelle mit einem winzigen vergitterten Fenster nervös hin und her.

Warum auch hatte er sich für diese Weihnachtspredigt etwas Besonderes ausgedacht und sein Konzept wörtlich, fast literarisch ausgearbeitet – ganz gegen seine übliche Predigtweise, bei der ein paar wenige Stichworte für die freie Rede ausreichten? Mit einer Bildbetrachtung über den Isenheimer Altar von Matthias Grünewald hatte er die gewaltige Botschaft des Engels an Maria, dass sie den Gottessohn gebären würde, in den Mittelpunkt seiner Verkündigung rücken wollen. Eine entsprechende Anzahl Kunstkarten hatte er sich extra aus dem Unterlindenmuseum in Colmar schicken lassen. Den Engel der Weihnacht, der bei Grünewald mit wallendem Gewand rauschend zur Erde fährt, diesen Engel wollte er befreien vom mittelalterlichen Staub und als Boten Gottes in die Realität unserer Zeit stellen. Er wollte den Blick darauf lenken, wie diese göttlichen Boten uns auch heute umgeben, um uns zu bewahren und vor Unrecht zu schützen.

Aber wo waren sie nun, die Engel Gottes? Hatten sie ihn verlassen? Der Grenzbeamte hatte in seinem Koffer zuerst die Bibel entdeckt und staunend die vielen Randnotizen und farblich gekennzeichneten Stellen betrachtet. Dann hatte er weitergesucht, bis ihm schließlich das Predigtmanuskript in die Hände geraten war. Fein säuberlich mit Maschine geschrieben, fing es mit dem Bibelwort und der Anrede „Liebe Schwestern und Brüder, liebe Weihnachtsgemeinde“ an und dann folgte die ausformulierte Predigt. Grinsend, lässig an den Pfosten des Schlagbaumes gelehnt, hatte der Beamte darin geblättert und hier und da ein wenig gelesen. Dabei war sein Grinsen immer breiter und frecher geworden. Die arrogante, selbstgefällige Ruhe des Mächtigen hatte Gernot immer aufgeregter und unruhiger werden lassen. Alle möglichen Geschichten von Kollegen und anderen DDR-Reisenden aus dem Bekanntenkreis waren ihm eingefallen, wie sie Stunden, manche sogar Tage an der Grenze festgehalten worden waren, weil sie etwas Verbotenes im Gepäck gehabt oder nur ein falsches Wort gesagt hatten. Der Willkür waren hier ja keine Grenzen gesetzt.

„Was ist das?" Der Uniformierte wedelte Gernot mit dem Manuskript vor der Nase herum. Seine Stimme hatte einen scharfen Ton angenommen. *Allein, auf sich selbst gestellt, ist er eine ohnmächtige Marionette*, musste Gernot denken, *nur eingebettet in den Staatsapparat kann er so unverschämt und sicher auftreten.* In Wahrheit vergewisserte der Grenzbeamte sich mit Blicken in alle Richtungen, dass sein Tun und Lassen auch die Zustimmung des Vorgesetzten fände. Gernot war das nicht entgangen, dennoch nahm ihn eine zunehmende Unsicherheit, ja Angst gefangen, die er sich aber nicht eingestehen wollte.

„Was ist das?" Der Tonfall war noch härter geworden, als der Beamte seine Frage wiederholte.

„Das … das sind persönliche Aufzeichnungen." Gernot war bemüht, seine Stimme sicher und fest klingen zu lassen. Doch längst war nicht mehr er Herr der Lage, sondern der junge Grenzpolizist, der dem Alter nach gut sein Sohn hätte sein können.

„Persönliche Aufzeichnungen, dass ich nicht lache. Eine Predigt ist das! Sie wollen in unserem Staat predigen und das Volk verhetzen mit Ihrem ‚zarten Jesulein, mitten im kalten Winter' – so singen Sie doch immer, oder?"

Nun lag die Wahrheit auf dem Tisch, wenn auch mit anderen Worten als in Gernots Predigt. Er schwieg.

„Wollen Sie predigen oder nicht?" Ganz dicht war der Beamte vor ihn getreten. Gernot konnte seinen Atem spüren und das Flackern in seinen Augen sehen.

Und noch schärfer: „Nun antworten Sie schon!"

„Nein, ich will nicht predigen", hörte Gernot sich sagen, und er fühlte sich im gleichen Augenblick so elend wie Petrus, als der seinen Herrn vor der Kreuzigung verleugnet hatte.

„Auch noch lügen, und das will ein Pastor sein!" Mit dieser Bemerkung, begleitet von einem hämischen Lachen, verschwand der Beamte in der Wachstube. Lange stand Gernot neben seinem Wagen. Bis der andere zurückkam und ihn mit jenem „Na, denn predigen Sie man schön“ in der Arrestzelle einschloss.

Allmählich legte sich Gernots Spannung und machte einer tiefen Resignation Platz. Er, der immer geglaubt hatte, dass er nicht wie Petrus bei der ersten Anfechtung einknicken würde; er, der anderen Menschen Mut gemacht hatte, gegen die eigenen Zweifel anzuglauben und sich nicht irritieren zu lassen, nicht von der Umwelt und auch nicht von der eigenen Seele; er hatte seinen Verkündigungsauftrag verleugnet, sein Hirtenamt verraten. Wie Petrus vor einer Magd war er vor einem jungen Grenzpolizisten eingeknickt.

Hilflos setzte er sich auf den einzigen Hocker in seiner Zelle und überließ sich den inneren Bildern früherer, gesegneter Zeiten. Festliche Gottesdienste mit brausender Orgelmusik, mit Posaunenchor und Kantorei, die Kirche geschmückt bis an die „Hörner des Altars“, standen vor ihm auf und mittendrin das höhnische Grinsen des Grenzbeamten.

Wo blieb der? Wollte er ihn etwa über Weihnachten hier eingesperrt lassen? Die Christvesper müsste schon in vollem Gange sein, eigentlich wäre seine Predigt mit der Bildbetrachtung der Verkündigungsszene jetzt dran. Maria, eine schlichte Frau ohne Erwartung großer Dinge, die, überrascht von der großartigen Botschaft, sich demütig ihr überlassen hatte; Petrus, der Mann der großen Rede, dem im entscheidenden Augenblick die Angst den Mut nahm; Gernot, der Pastor aus Leidenschaft, dessen Sicherheit und Bekennermut angesichts einer Uniform zusammengebrochen waren – welch ein Spannungsbogen! Er müsste ganz neu anfangen mit dem Glauben, seinem Glauben, wie er bisher immer gesagt hatte. Mit Letzterem war nicht viel los, es müsste Gottes Glauben werden, der Glaube des Herrn Jesus Christus, dessen menschliche Geburt in diesen Minuten in der kleinen Dorfkirche zu Gersleben gefeiert wurde wie überall in der Welt, selbst bei den Atheisten, ohne dass sie es so richtig wussten.

Über diesen Gedanken war Gernot ruhig geworden. Wenn einer es nötig hatte, dass Gott seinen Sohn in diese Welt geschickt hatte, um neues Leben zu ermöglichen, Leben ohne Angst und Schuld, dann war er es. So war das mit Weihnachten gemeint. Die eigene Großartigkeit, auch wenn im frommen Gewand daherkommend, war bei der ersten wirklichen Bewährungsprobe zerbrochen. Auf der Kanzel war es nicht schwer, Pastor zu sein – an der Grenze zum Atheismus war es etwas anderes.

Lange hatte Gernot so gesessen. Der Gottesdienst in seinem Heimatort musste längst irgendwie zu Ende gegangen sein, als sich der Schlüssel im Schloss drehte und der Grenzpolizist ihm seine Papiere mit der Bemerkung „Sie können gehen" zurückgab. Damit ließ er den Pastor stehen.

Gernot ging zu seinem Wagen, wendete und fuhr zurück gen Westen. Weihnachten würde bei ihm ganz neu beginnen.

Wieland Schmid

## *Das Weihnachtsquiz*

Vor Weihnachten haben wir ja alle Hände voll zu tun; kaum dass Zeit bleibt, auch einmal richtig auszuschlafen. Trotzdem: Für etwas nehme ich mir Muße, nämlich für das Weihnachtsquiz in meiner Zeitung.

Zugegeben: Nicht alle Leute schätzen es. Ich kenne einige, die jede Art von Quiz entschieden ablehnen, ebenso wie Kreuzworträtsel. Die Erklärung dafür ist einfach: Es fehlt ihnen an Allgemeinbildung. Ohne eine solche geht es natürlich nicht. Und nicht ohne Köpfchen. Ich bin von Natur aus ein bescheidener Mensch, aber ich darf wohl von mir sagen, dass ich beide Eigenschaften besitze. Und deshalb erwarte ich voll Ungeduld das Weihnachtsquiz in der Zeitung.

Jutta, meine Frau, und Klein-Uli wollen natürlich mitmachen. Das dürfen sie gerne, denn es gibt für sie dabei einiges zu lernen. Außerdem tut es ja auch gut, wenn man bewundert wird. Ein paar Streicheleinheiten ab und zu braucht jeder – und gerade ein Intellektueller, wie ich einer bin. So nehme ich mir also die Fragen vor. Zehn Stück sind es diesmal. Bravo, da heißt es den Geist anstrengen.

Erste Frage: Wonach ist unser Christfest genannt?

Nach dem Kind in der Krippe von Bethlehem?

Nach einem Märchen von Hans-Christian Andersen?

Nach dem kleinen österreichischen Ort Christkindl?

Das ist relativ einfach, wenn man bedenkt, welche innige Beziehung die Österreicher zur Krippenkunst haben. Also ist die Antwort c richtig: Christkindl.

Frage zwei: Die drei Könige oder auch Weisen aus dem Morgenland brachten dem Kind in der Krippe Geschenke, und zwar Gold, Weihrauch und …?

„Mürbes", sage ich, ehe die beiden anderen dazwischenreden können. „Im Orient hatten sie damals schon berühmte Backwaren, aus denen sich dann unsere Weihnachtsplätzchen und die Lebkuchen entwickelt haben. Übrigens auch die Pfeffernüsse. Ich sehe, die nächste Frage zielt darauf ab."

Wer erfand die Pfeffernüsse?

Ein Professor namens Chrysostomus Pfeffer?

Der Offenbacher Bäcker Johann Fleischmann?

Der Entdecker der nigerianischen Pfefferküste?

„Also", sage ich, „allzu einfach sollten es die Leute bei der Zeitung den Lesern dann doch nicht machen. Natürlich war es Professor Pfeffer. Übrigens stammte er aus Jena, wie viele berühmte Menschen jener Zeit. Denkt nur an Goethe und Schiller …"

Vierte Frage: Welcher Engel spielte bei der Geburt Jesu in Bethlehem eine wichtige Rolle?

Der Erzengel Gabriel?

Der „Engel des Herrn“?

Ein Rauschgoldengel?

„Das müssen wir nachschlagen“, sagt Jutta. Ich schüttle nur den Kopf.

„So etwas weiß man doch. Es war der Rauschgoldengel. Deshalb sind diese Engel auch so berühmt geworden. Wir haben ja auch einen bei unserer Krippe stehen. Weiter …“

Wo stand vermutlich der allererste Weihnachtsbaum?

Im Elsass?

Im Türkenlager vor Wien 1683?

In Paris anlässlich der Weltausstellung von 1889?

Bei solchen Fragen ist es wichtig, die Zusammenhänge zu kennen. Die Antwort muss lauten: Im Türkenlager vor Wien. Damals lernte man auch zum ersten Mal Kaffee kennen, der dann zusammen mit dem Weihnachtsbaum seinen Siegeszug bei uns antrat. Natürlich hatten nicht die Türken den Baum erfunden, sondern die Wiener. Die Türken hatten ihn erbeutet.

Frage sechs: Was war der erste Weihnachtsbaumschmuck?

Kugeln?

Kerzen?

Reiter?

Es waren Reiter; deshalb heißt es auch in dem Lied: „Christ, der Reiter ist da …“

Und auch in einem anderen alten Weihnachtslied wird darauf angespielt: „Es ist ein Ross entsprungen …“

Frage sieben: Der 6. Dezember ist der Tag des Nikolaus. Wer war dieser Nikolaus?

Ein früherer Bischof?

Eine Sagengestalt aus dem Mittelalter?

Einer der drei Weisen aus dem Morgenland?

Klar: Er war einer der drei Weisen, auch Könige genannt.

Die achte Frage: Noch einmal zurück zu unserem Weihnachtsgebäck. Der Lebkuchen ist wohl das bekannteste. Als was diente er ursprünglich?

Als Fastenspeise in den Klöstern des Mittelalters?

Als Gesellenstück eines Nürnberger Bäckerlehrlings?

Als Schiffsverpflegung für die Mannschaft des Kolumbus auf der Entdeckungsfahrt nach Amerika?

Schiffsverpflegung ist richtig.

Frage neun: „Stille Nacht, Heilige Nacht“ ist das bekannteste Weihnachtslied. Auf wen geht es zurück?

Wolfgang Amadeus Mozart?

Einen jungen Hirten aus Bethlehem?

Joseph Mohr und Franz Gruber?

Sicher war es ein Hirte aus Bethlehem, also b.

Und die letzte Frage: Wo wurde dieses Lied zum ersten Mal gespielt?

In der Sixtinischen Kapelle in Rom?

In Oberndorf an der Salzach?

Auf dem Hirtenfeld in Bethlehem?

Klar: Es war auf dem Hirtenfeld. Triumphierend schaue ich mich um und gebe die Lösung gleich zur Post. Vierzehn Tage später kommt die Antwort. Ich habe einen Preis gewonnen, einen Sonderpreis. Von 37 465 Einsendungen war meine die einzige, in der alle Fragen falsch beantwortet waren.

Eva-Maria Langenberg

# *Die kleine Schar*

Wie ausgestorben lagen Wald und Hügel unter dem schweren grau-düsteren Winterhimmel. Nur ein kleiner Trupp Menschen war unterwegs, vier dunkle Punkte in der weißen Schneewüste. Es waren fünf Kinder, die sich da mühsam vorankämpften: Johanna, mit ihren vierzehn Jahren die Älteste, trug den kleinen Bruder Micha, der noch kein Jahr alt war, in einem Wolltuch auf dem Rücken. Ihr folgte der elfjährige Martin, der schon ein treuer Helfer seiner Schwester war, dann kamen die siebenjährige Gertrude und der zarte kleine Johann Heinrich, der Janni genannt wurde. Mit seinen vier Jahren hatte er es am schwersten, mit seinen Geschwistern Schritt zu halten, aber Martin führte den kleinen Bruder fest an der Hand und wies ihn an, in seine Fußstapfen zu treten.

Der Vater dieser Kinderschar war evangelischer Pfarrer gewesen und hatte in den Nöten des Dreißigjährigen Krieges alles getan, was er konnte, um seine Gemeinde zu stützen, Menschen zu trösten und ihnen zu helfen. Seine Frau hatte ihm dabei treu zur Seite gestanden. Aber dann hatten die Schweden die Stadt erobert und die Soldaten hatten kein Erbarmen mit dem Pfarrer und seiner Frau gehabt. Zwei Jahrzehnte dauerte der Krieg nun schon. Einmal waren es die Kaiserlichen, ein andermal die Protestanten oder die Schweden, die plündernd und mordend durchs Land zogen und das hilflose Volk in Angst und Schrecken versetzten.

Noch während der Belagerung der Stadt durch die Schweden hatte der Pfarrer dafür gesorgt, dass seine Kinder auf verborgenen Wegen aus der Stadt fliehen konnten. Der Küster hatte die kleine Schar ein Stück Wegs geführt, bis sichergestellt war, dass sie den Feinden nicht mehr in die Hände fallen konnten. Man hatte ihnen beschrieben, wohin sie sich wenden sollten. Es gab noch einen Bruder der Mutter in einem ruhigeren Teil des Landes. Auch er war Pfarrer; er stand einer dörflichen Gemeinde vor. Nun sollten die Kinder das Dorf im Westerwald finden und sich zu den Verwandten flüchten.

Inzwischen führte ihr Weg sie durch einen verwilderten, finsteren Wald. Wenn sie keine

Menschen trafen, die ihnen die Richtung weisen konnten, sollten sie sich notfalls am Morgenstern orientieren und am Wind. Aber das waren unzuverlässige Zeichen. Schon seit Stunden hatten sie niemanden mehr zu Gesicht bekommen. Und in diesen Winterzeiten ließen sich die Sterne kaum blicken. Dafür blies der Wind aus allen Richtungen. Die schweren schwarzen Wolken entluden sich in dichtem Schneetreiben. Den Kindern blieb nichts anderes übrig, als sich unter den breiten Ästen einer Tanne eng zusammenzukauern, um sich vor dem Schneesturm zu schützen.

Johanna faltete verzagt die Hände und stieß Martin mit dem Ellenbogen an, ebenfalls zu beten. Sie hatte Micha auf den Schoß genommen und schlang beide Arme um den frierenden Kleinen. Sie hielt ihn fest an sich gedrückt. Alle Geschwister rückten ganz dicht zusammen, um sich gegenseitig zu wärmen. Micha jammerte vor Hunger und Kälte. Johanna wiegte ihn leise in den Armen, blies ihren warmen Atem in sein blasses, frostkaltes Gesicht und summte ein Schlaflied, das die Mutter ihnen immer vorgesungen hatte. Nun wollten sie alle um Hilfe bitten. Sie wussten, dass diese Hilfe nur vom Heiland kommen könnte, der heute geboren war. Auch Gertrude faltete die Hände. „Liebes Christkind, bitte hilf uns. Wir wissen nicht mehr weiter. Ich glaube, wir haben ganz und gar den Weg verloren. Schick uns einen guten Menschen, der uns helfen kann!"

„Das kann doch das Christkind nicht. Dazu ist es noch zu klein", wandte Martin der Schwester gegenüber ein.

Das wollte diese nicht gelten lassen. „Aber jetzt irgendwann ist Weihnachten und der große Engel hat den Hirten gesagt: ‚Fürchtet euch nicht. Euch ist heute der Heiland geboren!' Und der kann doch alles. Und er ist auch groß geworden", setzte sie zaghaft hinzu.

Es war wie ein Wunder, dass der Schnee nur rings um die Tanne fiel und sie auf den trockenen Nadeln geschützt sitzen konnten. Aber die Einsamkeit drückte die Kinder immer mehr, sie fühlten sich alle hoffnungslos und verzweifelt. Johanna wusste, welche Aufgabe ihr die Eltern übertragen hatten. Sie hatte die Verantwortung für die Geschwister. Sie sollte die Kleineren beschützen und ihnen Mut machen. Mit klarer Stimme begann sie leise zu singen: „Vom Himmel hoch, da komm ich her …" Sofort fiel Gertrude mit ein.

Sogar Janni mit seiner dünnen Stimme sang tapfer mit.

Und dieses Singen, so leise es auch war und wie sehr es auch vom dichten Schneefall verschluckt wurde, fand doch seinen Weg zu einem Menschen. Die Kinder wussten nicht, dass sie in der Nähe eines Wildhüterhauses saßen.

Das Haus lag ganz einsam auf einer winzigen Lichtung. Darum hatten die wilden Landsknechtshorden es bisher nicht entdeckt. Eben war die Frau des Wildhüters vor das Haus getreten, um zu sehen, ob es noch immer schneite. Da hörte sie das leise Singen aus den Tannen. Hatte sie sich verhört? Sie hob die Hand hinters Ohr und horchte. Nein, da war es wieder. Eilig kämpfte sie sich durch den tiefen Schnee zu ihrem Mann in den Stall. „Hartmut, komm schnell! Da sind Menschen, verirrte Menschen. Wie es sich anhört, sogar Kinder. Wir müssen sie suchen, ehe sie erfrieren!“

Der Mann blickte auf, zog sich den dicken Fellmantel an und nahm die Stalllaterne mit. Auch er vernahm nun die leisen Stimmen. Er blieb einen Augenblick stehen und lauschte. Woher kam das Lied? „Frau, geh ins Haus, mach den Herd an und koche heiße Milch. So kannst du besser helfen, als wenn du mit mir gehst." Mit einer Schürze voll Holz verschwand die Frau wieder im Haus. Sollte es sich tatsächlich um verirrte Kinder handeln, wollte sie alles tun, was sie könnte, um zu helfen.

Inzwischen ging der Wildhüter dem Klang der Kinderstimmen nach und fand unter der großen Tanne das Nest mit den Geschwistern. Den kleinen Janni nahm er auf den Arm und Gertrude an die Hand. Johanna hielt Micha fest an sich gedrückt. Martin legte den Arm um sie, um sie zu stützen. Voll Dankbarkeit und Zutrauen folgten die Geschwister dem Wildhüter. Gott hatte sie nicht vergessen. Johanna hatte begonnen zu singen, als die Geschwister verzagen wollten. Und Gertrude hatte laut gebetet. Das hatte Gott gehört, so wie es der Pfarrer seiner Gemeinde und vor allem seinen Kindern immer wieder versichert hatte: „Wenn wir wirklich fest glauben, verlässt uns der Vater im Himmel nicht!"

So marschierte die kleine Schar, geführt von dem bärtigen Mann im zotteligen Fellmantel, vor dem sie sich unter anderen Umständen bestimmt gefürchtet hätten, zu seinem warmen Holzhaus, dessen Schornstein verheißungsvoll rauchte. Sie waren geborgen! Die Frau wusste kaum, was sie den durchgefrorenen und schneenassen Kindern zuerst Gutes tun sollte. Die Umhänge und Mäntel wurden ausgezogen und an den Ofen gehängt. Auf dem Herd stand der irdene Topf mit der heißen Milch, in die die fürsorgliche Frau einen guten Löffel Honig gegeben hatte. Frisch gebackenes Brot lag auf dem Tisch neben einer Schüssel mit Wildschweinfleisch und einem angeschnittenen runden Käse. Die halb verhungerten Kinder machten große Augen. Nach dem Essen durften sie sich alle miteinander in das breite Bett der beiden Alten legen. Der Wildhüter und seine Frau saßen in dieser Heiligen Nacht noch lange beim Schein einer Kerze zusammen und konnten sich nicht beruhigen, dass Gott so wunderbar geholfen und sie die Stimmen der Kinder hatte hören lassen.

Ihre eigenen Söhne waren im Krieg geblieben. Nun war dem Wildhüterpaar ein ganzes Häufchen neuer Kinder ans Herz gelegt worden. Es war das größte Weihnachtsgeschenk. Vielleicht könnten sie ihnen später helfen, das Dorf mit dem Onkel ausfindig zu machen?

Auch die beiden ältesten Geschwister konnten lange nicht einschlafen. Als sie die friedlichen

Atemzüge der Kleinen hörten, sprachen Johanna und Martin flüsternd miteinander. Beide waren von ganzem Herzen dankbar für die wunderbare Hilfe. „Und ich war schon so verzagt!“, sagte Johanna. „Mir hatten die Eltern euch ans Herz gelegt. Aber ich habe euch nicht richtig geführt.“

Das wollte Martin nicht gelten lassen. „Hast du nicht die ganze Zeit den kleinen Micha getragen und für ihn gesorgt, so gut es ging? Es war doch kein Wunder, dass du eine Weile verzagt warst, als wir glaubten, den richtigen Weg verloren zu haben. Und du hast mit uns gesungen und gebetet. So haben uns die lieben Leute finden können. Nein, du hast getan, was nötig war. Lass uns noch einmal danken.“

Und das taten die beiden Kinder aus übervollem Herzen.

Wieland Schmid

# *Dem Himmel ein Stück näher …*

„Was du da hörst“, sagte die Mutter, „das ist Musik, die direkt vom Himmel kommt.“ Der Junge stand am Fenster und horchte auf die Klänge des Chorals, die aus einer unendlich geheimnisvollen Ferne heranzuschweben und über die verschneiten Dächer der Stadt wieder zurückzuwehen schienen, dorthin, woher sie kamen.

„Kommt die Musik vom Christkind?“, fragte der Junge. Er wandte dabei keinen Blick von dem nachtdunklen Himmel vor dem Fenster mit all den vielen Geheimnissen, die er den Menschenaugen verbarg.

„Es sind die Turmbläser“, sagte der Vater. In seiner Stimme klang ein leiser Tadel. „Sie spielen in jedem Jahr an den Abenden der Adventssonntage. Es ist ein hartes Geschäft für sie, vor allem bei dieser Kälte heute.“

Die Mutter lächelte. Sie war es längst gewohnt, dass ihr Mann alles sehr viel nüchterner sah als sie selbst. Zuweilen war das gut so, aber jetzt, in der vorweihnachtlichen Stimmung eines solchen Abends, bedauerte sie es. „Ja, gewiss“, erwiderte sie, „dein Vater hat recht, es sind die Turmbläser. Wenn sie an frostklirrenden Winterabenden mit ihren sperrigen Instrumenten die dunklen Treppenspiralen hinauf bis zum Kranz unseres Stadtturms steigen, dann nehmen sie schon manche Strapazen auf sich. Aber dort droben sind sie dem Himmel ein ganzes Stück näher als wir hier unten in unseren Wohnzimmern. Und wenn sie spielen, dann tun sie es zu unserer Freude und zur Ehre Gottes.“

„Dem Himmel ein ganzes Stück näher?“, fragte der Junge. Er hatte sich jetzt vom Fenster abgewandt, und in seinen Augen ruhte ein träumerischer Glanz. „Auch dem Christkind und dem lieben Gott?“

„Ja, sicher“, antwortete die Mutter. Sie warf einen kurzen Blick zu ihrem Mann, doch der war bereits wieder in seine Zeitung vertieft. „Und wenn sie ausgespielt haben, dann ist es für dich Zeit, zu Bett zu gehen.“

*Dem Himmel ein ganzes Stück näher sein als andere Menschen,* dachte der Junge später, als er wach in seinem Bett lag und zuweilen glaubte, die Klänge des Chorals hoch droben vom Turmkranz noch immer wie aus einer weiten Ferne zu hören. *Es muss wunderbar sein, ganz unvorstellbar schön* … Mit einem Ruck setzte er sich auf, und es wurde ihm beinahe schwindelig, als er sich bewusst wurde, welchen Vorsatz er da eben gefasst hatte: *Ich will das erleben am nächsten Sonntagabend. Ich will dem Himmel ganz nahe sein* …

Es war der letzte Sonntag vor dem Heiligen Abend, als der Junge heimlich das Haus verließ. Die Quecksilbersäule des Thermometers an seinem Fenster war schon am zeitigen Nachmittag auf einige Striche unter null gesunken. In der Nacht zuvor und auch am Tage hatte es immer wieder ein wenig geschneit. So hinterließen seine Schuhe schmale dunkle Abdrücke im dünnen Schnee. Bis ihn aber zu Hause jemand vermissen würde, wäre er schon wieder zurück – oder dem Himmel ganz nahe. Ja, so würde es wohl sein. Ob er das Christkind sehen könnte – oder Gott? Ob er wirklich einen so dichten weißen Bart hatte, wie er es einmal in einer alten Bibel gesehen hatte, oder ob sein Vater recht hatte, der nicht an einen solchen Gott glaubte? Der ihn ganz anders darstellte, als etwas unendlich Großes, Unsichtbares, dem sich die Menschen höchstens ahnend nähern durften? Nun, das würde sich ergeben.

Als er, hinter einem Pfeiler des Stadtturmes ihren Blicken verborgen, die Turmbläser herannahen sah, schlug ihm doch das Herz so stark und laut, dass er fürchtete, alle müssten es hören, auch die späten Passanten, die es freilich alle sehr eilig hatten, vom kalten Winterabend in die wohlig warmen Stuben zu kommen. Er beobachtete, wie die Männer mit ihren glänzenden Blasinstrumenten nacheinander hinter der nur halb offen stehenden, schweren Holztür des Turmes verschwanden, und er hörte das Poltern ihrer schweren Stiefel auf der Treppe, die in etlichen Windungen nach oben führte. Dann huschte er hinter dem schützenden Pfeiler hervor und hatte einige Mühe, die gewichtige Tür noch einmal einen Spaltbreit zu öffnen, gerade so weit, dass er hindurchschlüpfen konnte. Die Männer waren jetzt schon ein paar Absätze über ihm, als er vorsichtig seinen Fuß auf die erste Treppenstufe setzte. Glücklicherweise verhinderte sein leichtes Gewicht, dass die Treppen lautstark knarrend gegen den unbefugten Eindringling protestierten. Niemand bemerkte ihn. Kein Wunder, trugen doch die Männer Ohrenschützer unter ihren dicken Kappen, und sie waren so mit dem Aufstieg beschäftigt, dass keiner von ihnen auch nur einen flüchtigen Blick hinter sich warf.

Er war doch ein wenig außer Atem gekommen, als er den letzten Treppenabsatz hinter sich hatte und er dicht unterhalb des Turmkranzes einen mächtigen, hölzernen Stützbalken entdeckte, hinter dem er sich verstecken konnte. Es kam jetzt alles darauf an, nicht doch im letzten Moment noch erspäht zu werden. Sobald die Männer aber ihre Instrumente ansetzten, das ahnte er wohl, würde sich irgendetwas Gewaltiges ereignen. Vielleicht würde sich der Himmel öffnen und er würde hoch hinaufgehoben in das Reich des großen Geheimnisses oder er würde sich auf ihn herabsenken. Oder das Christkind würde aus dem Himmelstor hervortreten, so wie es in einem seiner Bilderbücher dargestellt war, wo der Nikolaus zum strahlend leuchtenden Himmel hinaufblickte, mitten im Wald, umgeben von tief verschneiten Tannen und unzähligen Tieren, die gleich ihm der Stimme des Christkindes lauschten. Den Tieren war das beschieden und genauso manchen Menschen in einer solchen Nacht.

Und dann geschah es, das Erwartete und Ersehnte und doch so ganz Andersartige. Zuerst war da ein dumpfes Pochen und Klopfen, dem ein durchdringendes Rasseln folgte, und im nächsten Augenblick schienen alle Gewalten des Himmels auf ihn niederzustürzen. Der Boden, der Pfeiler, die Balken, die hölzerne Decke, ja die Luft und alles rings um ihn begannen zu vibrieren und zu beben, ein ohrenbetäubendes Dröhnen drang ihm durch alle Poren. Es war ihm, als schwebe er inmitten eines Orkans von Wirbeln und Wellen, und ehe ihm das Bewusstsein schwand, glaubte er, durch das Tosen und Brausen hindurch die Stimme seines Vaters zu vernehmen, ganz deutlich und doch so seltsam dumpf wie aus einer tiefen, dunklen Gruft: „Es ist uns Menschen verwehrt, Gott von Angesicht zu Angesicht zu schauen, wer es sich anmaßen wollte, würde es nicht überleben …“

Als die Männer zwanzig Minuten später mit ihren Instrumenten unter den Armen vom Turmkranz herabstiegen, fanden sie den Jungen zusammengesunken neben dem Stützpfeiler liegen. Sie hoben ihn auf und trugen den schlaffen Körper tastend Stufe um Stufe über die dunklen Treppenwindungen nach unten. Einer der Männer leuchtete ihm mit seiner Taschenlampe ins Gesicht. „Es ist der Jüngste des Apothekers“, sagte er. „Wir müssen ihn schnellstens nach Hause bringen, und du, Konrad, rufst von der Telefonzelle drüben bei der Post den Arzt an!“

Später standen sie in einem Halbkreis um sein Bett. „Er ist nicht verletzt“, sagte der alte Arzt, der an diesem Sonntag seinen jüngeren Kollegen vertrat. „Er hat einen Schock erlitten, als plötzlich das Abendgeläut einsetzte. Das Dröhnen und die Schwingungen, die davon ausgehen, sind für unsere Ohren auch kaum zu ertragen, umso weniger, als Peter völlig unvorbereitet war. Er wird ein paar Tage wohl ein wenig schwer hören. Aber das legt sich. Ah, jetzt scheint er zu sich zu kommen.“

Sie hielten alle den Atem an, als der Junge langsam die Augen aufschlug. Der alte Arzt mit seinem stattlichen weißen Bart beugte sich über ihn, und er lächelte, als er die Worte des Jungen vernahm, nur ganz leise, aber doch für alle hörbar: „Bist du – bist du der liebe Gott?“ Der Arzt strich ihm mit der Hand über die bleiche Stirn. „Nein, mein Junge“, erwiderte er, und sein Gesicht war dabei wieder sehr ernst, „ich bin nicht der liebe Gott, ich bin ein Mensch wie du und alle hier um dich her

Aber ich glaube, dass du dem Himmel heute ganz nahe warst, näher als wir es je gewesen sind.“

Der Junge schloss die Augen. Um seine Lippen spielte ein glückliches Lächeln, und er nahm es mit in einen tiefen, kräftigenden Schlaf hinein.

Simone Erhardt

## *Navids Weihnachtswunder*

Das Land versank unter einer dichten Schicht aus Schnee. Weiße Weihnachten – der Traum aller Kinder und so mancher Erwachsenen. Auch wenn diejenigen, die mit dem Auto fahren mussten, nicht begeistert waren – man konnte sich diesem Zauber kaum entziehen. Die ganze Welt sah auf einmal so weich und rein aus – es war herrlich.

Navid hatte große Lust, einen langen Spaziergang zu machen, aber er hatte noch zu tun. Der Vormittag war in Windeseile vergangen, das letzte Türchen an seinem Adventskalender war geöffnet, das letzte Stück Schokolade gegessen. Auf dem Tisch stand der Adventskranz mit den vier brennenden Kerzen, es duftete nach einem Punsch aus gewürztem Fruchtsaft und nach frisch gebackenen Lebkuchen. Seine Nachbarn hatten ihm ein Lebkuchenhaus geschenkt, es war selbst gemacht und beinahe noch warm. Überhaupt, seine Nachbarn – die nettesten Menschen, die man sich vorstellen konnte. Immer dachten sie an ihn und hatten ihn vor vielen Jahren auch zum ersten Mal in ihre Kirche mitgenommen.

Navid freute sich sehr auf den Abend, denn er würde nicht nur den Gottesdienst besuchen, sondern anschließend in der Gemeinde den Heiligen Abend feiern. Für den ersten Feiertag hatte er seine Nachbarn und einige Freunde eingeladen; er wollte iranisch kochen, ein richtiges Festessen hatte er geplant. Er hatte sogar Geschenke besorgt und einen Weihnachtsbaum. Zwar hatte er sich das mit dem Baum erst am Vortag überlegt, aber er hatte tatsächlich noch ein schönes Exemplar aufgetrieben, das noch auf dem Balkon stand und darauf wartete, geschmückt zu werden. Navid hatte gar nicht viel Weihnachtsschmuck, den er an den Baum hängen konnte, aber er hatte alle, die für den nächsten Tag eingeladen waren, gebeten, eigene Dekoration mitzubringen. So würde der Baum ein Gemeinschaftswerk und damit etwas ganz Besonderes werden.

Trotz all der schönen Pläne fehlte etwas. Im Grunde seines Herzens war Navid sogar tief enttäuscht, auch wenn er versuchte, fröhlich zu sein. Die letzten Wochen hatte er in banger Hoffnung gelebt und sich ständig gefragt, ob Gott seine Gebete erhören würde. Nachdem er am 1. Dezember zum ersten Mal seit sehr langer Zeit wieder mit Gott gesprochen hatte, war jeder Tag eine neue Möglichkeit, eine Gebetserhörung zu erleben. Doch nichts war geschehen. Schon 23 Tage ohne eine Antwort.

Aber vielleicht stimmte das ja gar nicht. Er hatte Antworten bekommen, wenn auch nicht auf seine Bitte. Er hatte Gottesdienste besucht und gespürt, wie Gott zu seinem Herzen sprach. Er hatte jeden Tag gebetet, gehofft und geglaubt. Er hatte einen neuen Weg beschritten, einen Weg, von dem er zu lange abgekommen war. Was auch immer passierte, er würde nicht mehr davon abrücken. Den Neuanfang konnte ihm niemand nehmen. Navid empfand es als ein besonderes

Geschenk, dass er gerade an Weihnachten so etwas Großes erlebte, denn dafür war Jesus als Mensch in die Welt gekommen. Navid feierte in diesem Jahr nicht nur die Geburt des Christus, sondern auch seine eigene, denn er fühlte sich wie neugeboren. Aber auch der Schmerz in seinem Herzen war da. Er konnte jetzt allerdings darauf hoffen, dass Gott ihm helfen würde, seine Gefühle auszuhalten, und es beruhigte ihn ein wenig, wenn er Gott immer wieder von der ganzen Situation erzählte.

Navid holte die Tanne vom Balkon ins Wohnzimmer und fing an, das durchweichte Zeitungspapier abzuwickeln. Wie gerne hätte er den Baum seiner Mutter, seiner Schwester und seinem Schwager gezeigt. Ihre drei kleinen Kinder wären sicher begeistert vom Weihnachtsfest und den vielen Lichtern, den Geschenken und der Aufführung der Kinder im Gottesdienst. Bis vor einem halben Jahr hatten sie Verbindung gehabt, und er hatte immer geglaubt, sie würden den Iran verlassen und nach Deutschland kommen, um hier zu leben. Dann war der Kontakt plötzlich abgerissen; alle Nachforschungen, die er angestellt hatte, waren ergebnislos geblieben. Er machte sich die größten Sorgen. Waren sie inhaftiert worden, hatten sie versucht zu fliehen und waren umgebracht worden? Irgendwann musste er einsehen, dass seine eigenen Bemühungen ihn nicht weiterbrachten, und an diesem Punkt hatte er sich auf seinen Glauben besonnen.

Eine kleine Lichterkette befestigte er an den Tannenzweigen, dazu goldfarbene Glaskugeln und Strohsterne, Lametta und ein paar Rentieranhänger, die er beim Wichteln in der Firma gewonnen hatte. Der Baum sah hübsch aus, wenn auch nicht sehr üppig geschmückt. Navid betrachtete sein Werk und lächelte zufrieden.

Weihnachten war aus irgendeinem Grund wichtig, er wusste nur nicht, weshalb. Doch eines war sicher: Sobald es möglich war, würde er abreisen, um an Ort und Stelle nach seiner Familie zu suchen, auch wenn es lebensgefährlich war. Er konnte nicht länger warten. Es war höchste Zeit, wenn er etwas zur Rettung seiner Familie unternehmen wollte. Weihnachten hatte er sich als Frist gesetzt und hatte dennoch jeden Tag Angst gehabt, zu spät zu kommen, seine Familie für immer verloren zu haben. Er hoffte, dass er jemanden fand, der ihn begleitete, vielleicht jemand von

*Amnesty International,* aber das war alles noch in der Schwebe. Navid sah auf seine Armbanduhr und stellte fest, dass er sich für den Gottesdienst fertig machen musste.

Eine Stunde später war er geduscht und in einen Anzug gekleidet, hatte sogar schon den dunklen Mantel an und einen Schal um den Hals gewickelt. Gerade wollte er seine Handschuhe holen, als ihm das zusammengeknüllte, nasse, mit Harz verklebte Zeitungspapier ins Auge fiel. Es lag noch dort, wo er es vorhin hatte fallen lassen, als er es vom Weihnachtsbaum gewickelt hatte. Er hob es auf und trug es zum Tisch, strich es glatt, damit er es ordentlich falten konnte, sodass es besser in die Altpapiertonne passte. Auf einmal stutzte er. Sein Herz fing an, wild zu schlagen, seine Hände zitterten. Er wurde so schwach, dass er sich setzen musste. Navid schluckte schwer und erschrak selbst vor dem Schluchzen, das aus seiner Kehle kam. Fast blind vor Tränen sah er auf das, was er in den Händen hielt: eine feuchte, klebrige, alte Zeitung vom Vortag, in der sein Weihnachtsbaum eingewickelt war. Doch was ihn so aus der Fassung brachte, war ein kleiner Artikel mit einem Foto.

Auf dem Foto waren Menschen abgebildet, die er kannte: seine Schwester, ihr Mann, seine Neffen und Nichte, seine Mutter. Navid wischte sich die Augen trocken und las den Text, der zu dem Bild gehörte. Es war ein kleines Weihnachtswunder, hieß es da, denn die gesamte Familie hatte erst vor wenigen Tagen aus der Gefangenschaft fliehen können und war nun in Deutschland auf der Suche nach dem einzigen Verwandten, der hier lebte. Untergebracht waren sie in einem Asylbewerberheim, und es stand sogar dabei, in welcher Stadt. Navid war vollkommen durcheinander, schwankte zwischen Unglauben, Freude und wahnwitziger Erleichterung. Es war geschehen! Es war tatsächlich geschehen! Gott hatte seine Gebete erhört, hatte ihm ein Wunder geschenkt. Nicht nur ihm, sondern seiner ganzen Familie. Sein ganzer Körper bebte, er konnte nur dasitzen und die Aufnahme anschauen. Er wusste überhaupt nicht, wie er Gott danken konnte. Seine Worte schienen viel zu wenig zu sein, immer wieder formulierte er im Geist neue Sätze, doch am Ende blieb es dabei: Er konnte nur schlicht und einfach „Danke“ sagen und musste das Gefühl akzeptieren, dass es nicht genügend war. Gott würde ihn verstehen.

Er fragte sich, wie Gott es geschafft hatte, dass seine Familie freigekommen war und dass er durch einen durchweichten Zeitungsartikel „zufällig“ davon erfahren hatte. Er würde es nie erfahren, aber vielleicht hatte alles angefangen, als er am 1. Dezember zum ersten Mal gebetet hatte. Ja, so mochte es gewesen sein. Der Gedanke gefiel Navid. Vielleicht war ein großes Wunder der Auslöser gewesen, vielleicht aber auch eine Reihe kleiner Wunder. Ein kleines Wunder, das irgendwo stattgefunden hatte, weitergetragen wurde und schließlich zu dem großen Wunder in seinem Wohnzimmer führte. Allmählich beruhigte sich Navid, wenn auch die übergroße Freude blieb und ihn fast platzen ließ. Der Gottesdienst würde bald beginnen. Er überlegte, ob er bis später warten sollte, doch nein, das konnte er nicht. Selbst wenn er zu spät in die Kirche käme – unter diesen Umständen war das vertretbar. Bebend vor Spannung und voller Vorfreude, die geliebten Stimmen zu hören, ging er zum Telefon. Es würde ein Weihnachten wie kein anderes werden.

Kurt H. Möller

# *Hoher Besuch*

Es ist schon etliche Jahre her. Der Kultusminister hatte seinen Besuch angekündigt, um die heilpädagogischen Heime einer diakonischen Einrichtung zu besichtigen. Heimleiter und Geschäftsführer gerieten in Aufregung, der Vorstand wurde informiert, eine Arbeitsgruppe wurde gebildet, um den Besuchstag zu planen. Der Kultusminister sollte spüren, dass man ihn erwarte, und einen guten Eindruck vom Heim und von der Arbeit mitnehmen.

Besonderes Augenmerk wurde auf den Weg gelegt, den der hohe Gast mit seiner Delegation gehen sollte. Der Parkplatz für den Dienstwagen wurde bestimmt und der Ort festgelegt, wo ihn der Vorstandsvorsitzende begrüßen sollte. Zudem wurde entschieden, wann der Anstaltsleiter hinzukommen müsse und wer an der Eingangstür der für den Besuch ausgewählten heilpädagogischen Gruppe die Gäste in Empfang nehmen würde. Der Gärtner wurde beauftragt, die Blumenbeete noch einmal durchzuhacken, Unkraut zu zupfen und wo nötig die Hecke zu stutzen. Der Hausmeister fegte Hof und Wege, und die Hauswirtschafterin wusch Gardinen, putzte das Haus und bereitete Kaffee und Kuchen vor. Der hohe Gast konnte kommen, der Weg war bereitet.

Es kam ganz anders. Aus aktuellem Anlass – der Minister musste kurzfristig noch einen wichtigen Termin am selben Tag wahrnehmen – reiste er nicht mit dem Pkw, sondern per Hubschrauber an und betrat das Heimgelände durch einen Seiteneingang. Es gelang gerade noch, ihm das Empfangskomitee entgegenzuschicken.

Gemessenen Schrittes kam die Gruppe auf das Heim zu. Zum Gruppenleiter am Eingang des Hauses, ganz gegen seine Gewohnheit mit Schlips und Kragen, hatte sich Jan, ein zehnjähriger Junge aus der Gruppe, gesellt. Wie beiläufig fragte er seinen Erzieher, wer denn der Minister sei. Bereitwillig bekam er Antwort, und noch ehe jemand einschreiten konnte, lief er mit einem tags zuvor selbst gebackenen Topfkuchen auf den Ehrengast zu und begrüßte ihn artig mit der Frage: „Willst du auch ein Stück? Habe ich extra für dich gebacken!"

Die nächste Viertelstunde stand der Minister mit Jan und dessen Erzieher in der Teeküche, jeder ein großes Stück Topfkuchen in der Hand, und unterhielt sich mit ihnen über die Erziehungsarbeit in dieser Gruppe. Währenddessen warteten Presse und Fernsehen im Tagesraum und das offizielle Empfangskomitee stand zusammen mit den Begleitern des Ministers ziemlich verlegen und überflüssig herum.

So geht es in dieser Welt und Zeit im Advent auch zu. Da wird ein Weg vorgezeichnet, auf dem sich das Fest zu vollziehen habe. Alle möglichen Äußerlichkeiten werden geplant und bedacht, eine Show wird vorbereitet, die das zerrissene und angeschlagene Innere des Menschen überdecken soll. Aber der Herr kommt gewaltig. Er wählt einen ehrlichen, aufrichtigen Weg und nicht den von den Großen und Wichtigen dieser Zeit vorgegebenen. Er hielt es schon immer und hält es noch mit den kleinen und unwichtigen Leuten. Und während die Oberen noch über den offiziellen Weg streiten, hat er seinen Weg zu den Menschen schon gefunden und teilt mit ihnen das Brot oder den Topfkuchen.

*Bereitet dem Herrn den Weg. Siehe, der Herr kommt gewaltig.*
*Jesaja 40,3.10*

Wieland Schmid

# *Ein Baum zu viel*

Jeder Mensch, so wird gesagt, wird im Laufe seines Lebens immer wieder ohne sein Wollen schuldig. Das mag schon stimmen. Aber es kann auch das Gegenteil geschehen: Ein Mensch kann, ohne dass er es will und weiß, zu einem guten Menschen werden. Wenigstens glauben andere, dass er es sei.

Zum Nikolaustag am 6. Dezember, so will es eine alte Tradition in unserer Familie, muss auf der Terrasse ein Christbaum stehen, dessen elektrische Kerzen in die Nacht hinausstrahlen. Ich habe es den Kindern so erklärt: Die Dezembernächte sind ja recht finster und der Nikolaus soll doch den Weg zu unserem Haus finden! Da ist es schon notwendig, dass ihm seine Suche erleichtert wird. Nicht ganz einfach war es zuweilen, schon zum 6. Dezember einen passenden Baum zu finden. Die Christbaummärkte beginnen ja meist erst später. So bestelle ich einen Baum in einer Gärtnerei und meistens bekomme ich auch ein schönes und von der Größe her passendes Exemplar. Doch ausgerechnet in diesem Jahr, in dem diese Geschichte spielt, fiel der Baum zu klein aus. Ich nahm ihn trotzdem mit, bestellt war schließlich bestellt, und stellte ihn in eine Ecke des Gartens. Durch einen glücklichen Umstand entdeckte ich in einer anderen Gärtnerei einen passenden Baum. Wohin aber nun mit dem kleinen? Einfach draußen im Garten stehen lassen? Nein, es wäre um diesen doch recht gut gewachsenen Baum schade gewesen. So entschloss ich mich zu einer Tat, die vielleicht nicht ganz korrekt war. Ich stellte das Bäumchen in der Dunkelheit vor ein etwas abgelegenes Haus neben die Tür. Es war ja möglich, dass jemand vorbeikam, der etwas damit anfangen konnte. Ich jedenfalls war ihn los.

Ein paar Tage nach Weihnachten wartete ich beim Bäcker, bis ich an der Reihe war. Dabei wurde ich Zeuge, wie sich zwei betagte Frauen miteinander unterhielten. Normalerweise achtete ich nicht weiter auf solche Gespräche. Doch dann spitzte ich die Ohren. „Stellen Sie sich nur vor", sagte die Ältere der beiden, „eigentlich wollte ich diesmal keinen Baum mehr schmücken. Es wäre das erste Weihnachten ohne Baum gewesen, aber irgendwie wurde es mir zu viel und in meinem Alter ist das ganze Drum und Dran ja auch nicht mehr so wichtig. Aber da stand ganz plötzlich am Morgen ein Baum direkt neben meiner Tür! Ich hab mich gefreut wie lange nicht mehr! So ein schöner Baum, wie vom Himmel zu mir herabgefallen! Vielleicht war es ein Engel, der ihn mir brachte …"

Die andere Frau nickte. „Ja, vielleicht, oder einfach ein guter Mensch, der Ihnen eine Freude machen wollte. Solche Menschen sind ja selten, aber es gibt sie noch." Die andere Frau lächelte. „Ja, sicher, es gibt sie noch, die guten Menschen, aber vielleicht war es wirklich ein Engel …"

Ich bekam einen roten Kopf und sah schnell auf die andere Seite. Es war gut, dass gerade niemand im Laden war, der mich kannte. Er hätte womöglich meine Verlegenheit erkannt. Und es hätte ja auch sein mögen, dass mich jemand an jenem dunklen Abend sah und mich nun für einen ganz besonders guten Menschen hielt, der ich gewiss gern auch wäre. Nur – aber das ist ein Thema für eine andere Geschichte …

Eva-Maria Langenberg

# *Hat einer Miriam gesehen?*

Das war die Frage einen Tag vor Weihnachten. Wo konnte die kleine Fünfjährige nur abgeblieben sein? Die Mutter hatte genug zu tun mit den letzten Vorbereitungen für das Fest. Der Vater hatte bis zum Mittag noch zu arbeiten. Ja, und Joram, der neunjährige Bruder, wusste er vielleicht, wo die Kleine steckte? Der saß wieder einmal an seinem Tisch mit einem Blatt Papier vor sich und zeichnete. Joram aber hatte nicht die geringste Ahnung. Er war nur froh, wenn er in Ruhe gelassen wurde, um seine Ritterschlacht zu Ende malen zu können. In diesem Jahr waren es Burgen und Ritter, die er am liebsten zeichnete, gewaltige Schilde, Schwerter und Lanzen. Da konnte er wirklich nicht auch noch wissen, wo sich seine unberechenbare kleine Schwester herumtrieb. Eigentlich hatten beide Kinder ihre kleinen Pflichten zu erfüllen, je nach Alter und Verstand. Den sprach er Miriam natürlich ab. Sie allerdings war nicht so verträumt wie der Große, der nur seinen

Zeichenstift und die gerade wichtigen Themen im Kopf hatte.

Nun machte sich die Mutter aber ernsthaft Sorgen. Das Mädchen war noch nie so unauffindbar verschwunden.

„Joram, geh durchs ganze Haus und such deine Schwester, und zwar gleich. Deine Ritter können warten."

„Aber das wird doch ein Geschenk für Opa. Das muss noch fertig werden!", maulte der Sohn, erhob sich aber doch, weil er wusste: Wenn die Mutter diesen bestimmten Ton in ihre Stimme legte, dann war es ihr ernst und es hieß gehorchen.

Was fiel der Schwester eigentlich ein, einfach spurlos zu verschwinden?! Wenn er sie gefunden haben würde, wollte er ihr nachdrücklich beibringen, was sich gehörte.

Nachdem schließlich die ganze übrige Familie überall und ohne Erfolg nachgefragt hatte, im eigenen und im Nebenhaus, wo die Kinder Freunde hatten, und noch bei weiteren Freundesfamilien, setzten sich die Eltern zusammen und baten Gott um Hilfe und um irgendeinen Hinweis. Sie wussten, dass der himmlische Vater ihre kleine Tochter nicht verloren gehen lassen würde.

Sie konnten nicht ahnen, dass die Kleine aus dem Kindergarten eine ganz großartige Idee mitgebracht hatte. Sie hatten dort Wäscheklammern mit aufgeklebten Herzen als Weihnachtsgeschenke gebastelt. Rote Herzen hatten es für Miriam sein müssen. Rot war die Farbe der Liebe, das wusste sie. Aber nur das Herz hatte nicht genügt. Es war von ihr noch mit einer gelben Sonne bemalt worden und einem Gegenstand, den die Kindergartenhelferin beim besten Willen und trotz allen Bemühens nicht hatte erkennen können. Miriam hatte einfach kein Verständnis für große Leute, die doch so klug sein wollten und trotzdem nicht verstanden, dass es sich bei diesem Gegenstand natürlich um eine Krippe handelte. Wie lästig, alles erklären zu müssen, was doch ins Auge sprang. Die Sonne war Miriams Christkind. Das lag doch in einer Krippe!

Zu Hause waren nach und nach alle Wäscheklammern verschwunden. Die Mutter hatte in der Vorweihnachtszeit anderes im Kopf, als die Ursache dieses Umstands zu erforschen. Die Kleine war in letzter Zeit ungewöhnlich brav und still in ihrem Zimmer geblieben. Eine Wohltat für die ganze Familie, sprang einem das lebhafte Kind doch sonst ständig zwischen die Füße.

Nun war sie also verschwunden. Jeder hätte es jetzt als Wohltat empfunden, sogar der kritische Bruder, wenn sie hier gewesen wäre.

Ja, wo war sie nun? Sicher war es kein Zufall, dass ein Nachbar, der auch von dem Verschwinden wusste, bei seinen Besorgungen für das vor der Tür stehende Fest gerade an der Straßenecke vorbeikam, an der sich Miriam aufgestellt hatte. Vor dem großen Geschäft war, wie einen Tag vor Heiligabend nicht anders zu erwarten, ordentlich etwas los. Menschen strömten hinein und heraus. Ein hektisches Treiben. Irgendwo zwischendrin leuchtete eine ihm wohlbekannte geringelte Bommelmütze. Er stutzte und blieb stehen.

Das war doch die vermisste Miriam! Aber was tat sie da? Ohne auf die unangenehme Nasskälte zu achten, stand das Kind mit erhobenem Gesicht und sprach gerade eine Frau an, die es eilig zu haben schien. Die Kleine hatte in der linken Hand einen Einkaufskorb, mit der Rechten hielt sie etwas hoch und sprach jeden an, der in ihre Nähe kam. Nun stand der Nachbar vor ihr. Sie erkannte ihn nicht gleich und hielt auch ihm in ihrem roten Fausthandschuh etwas entgegen.

Der Mann beugte sich in seiner ganzen Länge tief zu ihr hinunter. „Miriam, was machst du bloß hier? Deine Eltern und dein Bruder suchen dich schon ganz verzweifelt! Was hast du denn da in der Hand?“

Die Kleine hielt ihm voller Ernst eine Klammer hin, beklebt mit einem roten Herzen mit einer gelben Sonne.

„Und was soll das sein, Miriam?“, fragte der Lange ahnungslos.

„Na, kannst du das auch nicht sehen? Die Sonne ist doch Jesus – und das ist die Krippe. Jeder braucht Jesus. Darum sollen die Leute alle von mir ein Christkind in der Krippe geschenkt bekommen, damit sie nicht vergessen, dass morgen Weihnachten ist. Das ist nämlich eine Brosche. Die muss man sich anstecken, dann erinnert man sich daran. Aber keiner will sie haben!“

Die großen braunen Augen blickten ernsthaft zu dem Mann auf. Und der erkannte beschämt: Dieses Kind war vielleicht der einzige Mensch hier, der begriffen hatte, was es mit Weihnachten auf sich habe.

Ehe er sie auf den Arm nahm, um sie schnellstens nach Hause zu bringen, bat er sie noch um eine Klammer. „Du hast recht! Jeder braucht Jesus, doch die Leute haben es vergessen, ich manchmal auch. Aber jetzt habe ich deine Brosche und sie wird mich daran erinnern!“

Wieland Schmid

## *Schokolade vom Christkind*

Über die schneebedeckten Dächer der Stadt streift die Dämmerung. Zwischen Wolkenlücken sieht man hin und wieder eine fahle Mondsichel. Auf den breiten Straßen schieben sich die Menschen aneinander vorüber. Sie haben es alle recht eilig, eiliger noch als an irgendeinem anderen Tag im Jahr. Es ist der 23. Dezember, ein Tag vor dem Heiligen Abend.

Der Mann gleitet auf der Rolltreppe der U-Bahn-Station nach oben. Auf dem Platz, in den drei Straßen münden, bleibt er eine Weile stehen. Als er den U-Bahn-Zug bestiegen hat, schwebten schwere, nasse Flocken vom Himmel. Die Nässe seines Mantels fühlt sich kalt und klamm an. „Ich müsste mir einen neuen Mantel leisten", denkt der Mann. „Und ein paar neue Schuhe und eine Mütze gegen Wind und Regen. Sicher geht der Schnee schnell wieder in Regen über und es ist wieder einmal nichts mit weißen Weihnachten. Aber was soll's, das ist Kinderkram. Weihnachten hin oder her, es bleibt sich ja doch alles gleich!"

Der Mann schaut auf das Getriebe rings um sich herum. Ein paar Mal wird er angepufft; kaum jemand, der sich noch entschuldigt. Nur weiter, weiter, keine Zeit vergeuden! Immer wieder kreisen die gleichen Gedanken in seinem Kopf. *Wo wohl dieses verflixte Fax geblieben ist?* Überall hatten sie danach gesucht; es war die Antwort auf eine Anfrage, die ziemlich dringend war. Doch auf eine Rückfrage hatte niemand mehr geantwortet. Der Mann denkt nach: *Morgen ist Heiliger Abend, dann die beiden Feiertage. Wenn ich am Freitag früher als sonst ins Büro gehe, habe ich noch Zeit nochmals alles durchzusuchen, ehe der Chef kommt. Zu blöd, dass jetzt gerade Weihnachten kommt.*

*Heiliger Abend,* denkt der Mann, *möchte wissen, was daran noch heilig ist! Man sollte den Buchstaben „H" an diesem Wort streichen, dann würde es in etwa stimmen: Eiliger Abend. Schnell die Kerzen an, schnell ein bisschen Besinnung, Geschenke ausgepackt, Kerzen aus. Die eiligste Zeit im ganzen Jahr. Wenn das Weihnachtsgeld nicht wäre – aber das ist auch schon wieder weg, ausgegeben für Dinge, die im Grunde niemand braucht. Wir haben ja alles, mehr als genug …"*

Mürrisch blickt er die Straße hinunter. Seine Augen streifen über die Vorübereilenden hinweg: Schatten, die keine Erinnerung hinterlassen. Und keine Spuren. Durch die gläserne Tür des Kaufhauses gegenüber fällt ein breiter Lichtstrahl über den nassen Asphalt.

Die Augen des Mannes bleiben an einer kleinen Gestalt in einem blauen Mantel und roten Fäustlingen hängen. Sie wandern hinauf zu einem schmalen, von Kälte und vielleicht Erwartung geröteten Gesicht und einer ebenfalls roten Wollmütze. Auch das Kind hat den Mann erspäht. Für den Bruchteil einer Sekunde kreuzen sich ihre Blicke.

Das Kind sieht zu der jungen Frau auf, die es an der Hand gefasst hat. Beide stehen jetzt in der Lichtbahn, die aus der Kaufhaustür fällt.

„Mutti", sagt das Kind, „warum macht der Mann dort so ein trauriges Gesicht?"

Die Mutter blickt flüchtig in die Richtung, die der ausgestreckte Arm des Kindes weist. Doch sie hat anderes im Kopf, als sich um einen fremden, mürrischen Mann zu kümmern.

„Komm schon", sagt sie ungeduldig, „wir haben noch so viel zu erledigen, bis das Christkind kommt!"

Das Kind zögert. „Er sieht aber so traurig aus", sagt es und blickt unschlüssig auf den kleinen Schokoladen-Nikolaus in seiner Hand. „Vielleicht ist er so traurig, weil er nichts vom Christkind bekommt?"

Der Mann sieht, wie sich das Kind von der Hand seiner Mutter löst und mit schnellen Schritten mitten durch die hastenden Menschen hindurch auf ihn zuläuft. Er will sich abwenden, aber da ist es schon bei ihm. Mit einer schüchternen und trotzdem bestimmten Bewegung ergreift es seine Hand und drückt den Schokoladen-Nikolaus hinein.

„Auch du sollst etwas bekommen!", ruft es. „Komm, mach wieder ein nettes Gesicht!"

Der Mann fühlt das Stück Schokolade in seiner Hand – warm und etwas klebrig. Verwirrt schaut er dem Kind nach, wie es zu seiner Mutter zurückspringt und Sekunden später im Strom der Menschen untertaucht. Zögernd betrachtet er den kleinen braunen Nikolaus. Wohin damit? Einen Augenblick überlegt er, ob er ihn einfach wegwerfen soll. Doch dann schiebt er ihn mit einer plötzlichen Bewegung in den Mund und beißt kräftig hinein. *Eigentlich mag ich ja gar keine Schokolade,* huscht es ihm durch den Kopf, und ein Lächeln gleitet über sein Gesicht.

Er sieht sich um. Dann hebt er die Hand an die Augen und wirft einen Blick auf seine Uhr. Eigentlich wäre es höchste Zeit, nach Hause zu kommen und frische Kleider anzuziehen. Die Nässe dringt langsam durch den betagten Mantel und er fühlt die feuchten Füße in den klammen Schuhen. *Es wäre keine schlechte Idee, einen neuen Mantel und neue Schuhe zu kaufen; wirklich, beide hätten einen Ersatz nötig,* denkt er.

Mit schnellen Schritten geht er die wenigen Meter bis zum Kaufhaus, doch anstatt in der dritten Etage auszusteigen, dort, wo es Herrengarderobe und Schuhe gibt, fährt er ein Stockwerk weiter bis zur Abteilung für Spielwaren. Wenn ihn jemand aus seinem Büro beobachtet hätte, wäre er wohl höchst unsicher gewesen, ob es sich um den gleichen Menschen handeln könnte, der noch vor Kurzem voll Aufregung nach dem verschwundenen Fax gesucht hatte. Jetzt sucht der Mann etwas anderes, und als er nach wenigen Minuten das Kaufhaus verlässt und die überfüllte Straße hinuntergeht, drückt er fast zärtlich eine stattliche Puppe an sich. Dabei mustern seine Augen alle Menschen, die an ihm vorübereilen. *Irgendwann,* denkt er, *werde ich ein kleines Mädchen entdecken, dem ich die Puppe schenken kann.* Und dabei empfindet er eine wundervolle Wärme in seinem Innersten und ein fröhliches Lächeln liegt auf seinem Gesicht.

Eva-Maria Langenberg

## *Bei Pastors*

So wurden die Pfarrer in Norddeutschland genannt. Die Pastors, von denen ich gleich erzähle, wohnten vor rund zweihundert Jahren in einem

Dorf zwischen reichen Kornfeldern, Wiesen und Gärten.

Die Landleute liebten den gütigen weißhaarigen Pastor wie auch die muntere, rundliche Frau Pastorin. Allerdings ließ diese den Dorfkindern nicht alles durchgehen. Wo ihr Mann zu viel Milde walten ließ, griff die kleine, aber energische Frau ein. Oh, sie wusste genau, welche der Jungen sich kleine Übergriffe im Obstgarten des Pfarrhofes erlaubten; die Mädchen taten sich in der Beziehung weniger hervor.

In der alten Zeit hatten die Pfarrer noch selber Land und Tiere, etwa eine Kuh, ein Schwein und eine gackernde Schar weißer und rot-brauner Hühner. Im Dorfteich schwammen zwei, drei gefütterte Gänse. Auch an Pferd und Wagen fehlte es nicht, wurde doch der Pastor immer wieder einmal zu einem Sterbenden, einer Hochzeit oder der glücklich überstandenen Geburt gerufen.

Es war Herbst geworden. Die Bäume verloren ihre Blätter, scharf sauste der Wind über das flache Land. Und nun ließ der Winter nicht länger auf sich warten. Mit Schnee war zwar noch nicht zu rechnen. Doch die Dorfkinder wussten, wenn die Wildgänse flogen, war Weihnachten nicht mehr weit. Höhepunkt war da natürlich die häusliche Feier, die bei allen gleicherweise begangen wurde, wenn auch bei den meisten Familien deutlich bescheidener als bei Pastors!

Leider hatte die fröhliche Frau Pastorin keine eigenen Kinder. Dafür waren ihr die Kleinen aus dem Dorf alle von Geburt an mit Namen bekannt. Etliche waren sogar ihre oder ihres Mannes Patenkinder.

Die Kinder wussten, dass ein jedes einen Topf, eine Schüssel oder sonst ein Gefäß mitbringen durfte. Da gab es allerdings nicht nur die bescheidenen Mädchen. Die Burschen fanden es nicht falsch, mit einem Zuckersack, einer Eierkiste oder gar, wie einmal vorgekommen, mit einem Waschkorb anzurücken.

Die Unbescheidenen wurden von der gestrengen Frau Pastorin sofort nach Hause geschickt. Mit einem angemessenen Gefäß könnten sie wiederkommen. Unter dem schadenfrohen „Ätsch!" ihrer Schwestern rannten die Gerügten wie der Blitz rasch heim.

Der ersehnte Tag war also endlich gekommen. Emma, die Magd im Pfarrhaus, stand draußen vor der Tür und passte mit Argusaugen auf, dass sich die Kinder die Füße abputzten oder am besten die Holzpantinen draußen ließen und auf Strümpfen verlegen in die Stube schlichen.

„Alle in einer Reihe und ganz ruhig und still!", kommandierte die Pastorenfrau. „Die Mädchen vorn, die Bengels dahinter!"

Endlich standen die Kinder nach Wunsch. Jedes hielt sein Gefäß erwartungsvoll vor dem Bauch.

Da kam schon die Emma mit dem großen Weidenkorb voll Äpfel. „Eins, zwei, drei, vier, fünf", murmelte die Magd und ließ die rotbackigen Kugeln in die Töpfe, Schüsseln und Beutel fallen. „Halt!", rief es aus dem Hintergrund. „Halt, der Hanne bekommt keine Äpfel. Die hat er sich schon im Herbst aus unserem Garten geholt!" Oh, der Frau Pastorin entging auch nichts!

„Och, Frau Pastern, dat waren ja man bloß 'n paar wurmstichige."

„Na, dann aber nur zwei."

Danach erschien die Emma wieder, diesmal mit einer großen Schüssel Pfefferkuchen. Die Dreistesten leckten sich schon die Lippen. „Jeder drei, Emma." Zuletzt kullerten jedem Kind eine Handvoll Nüsse in sein offenes Gefäß.

Das war aber noch nicht alles! Denn auch der Herr Pastor ließ sich nicht lumpen. Die Jungen durften sich einer nach dem andern eine Schiefertafel mit buntem Griffel, ein Lesebuch für die Älteren und einen roten Ball für die Kleinen holen. Das war ein Strahlen in den Gesichtern und ein fröhliches Jauchzen! Die Bälle wurden an Herrn Pastors Kopf gleich ausprobiert, bis seine Frau mit Nachdruck Einhalt gebot. Es war nicht zu glauben, aber jedes Kind bekam noch ein Paar von Frau Pastorin selbst gestrickte warme Socken.

Die Bescherung war vorbei. Jetzt noch das Weihnachtslied. Feierlich ging der alte Herr an das Harmonium und spielte *Vom Himmel hoch,* ein halbes Dutzend Strophen. Die Mädchen mit ihren hellen Kinderstimmen lenkten ohne Scheu den Gesang. Die Jungen taten sich mit dem Singen schon schwerer. Da gab es die sogenannten „Brummer", die ihre eigene Melodie zum Besten gaben. „Scht, scht!", machten die Mädchen, aber die Jungen wollten doch nicht zurückstehen.

Ein brennendes Licht in der einen Hand und das gefüllte Gefäß gegen die Hüfte gestützt, machte das Kleinvolk sich schließlich auf den Heimweg, nachdem es mit Grüßen an die Eltern und Vermahnungen verabschiedet worden war. Das Weihnachten bei Pastors war vorbei. Nächstes Jahr dann wieder.

Wilma Klevinghaus

## *Die Glocken von Dillingen*

„Verdammter Mist!“, schimpfte Fritz vor sich hin „Muss der Spieß uns ausgerechnet an Heiligabend auf Streife schicken! Einen kleinen Spaziergang nennt er das auch noch.“

„Wäre es ja auch gewesen“, erwiderte Walter kleinlaut und stapfte vor ihm weiter durch den Schnee.

„Was soll das heißen?“, raunzte der Ältere.

„Hast schon kapiert“, knurrte Walter. „Dass wir uns nämlich möglicherweise verlaufen haben.“

„Lass gefälligst solche Witze!“

„Mir ist alles andere als nach Witzen zumute“, gab Walter entmutigt zurück.

Fritz blieb stehen. So abrupt, dass Walter in seinem Trott ihn fast umgerempelt hätte. Ein paar Zweige, an die er dabei stieß, schütteten einen Teil ihrer Schneelast auf die Tarnung der Stahlhelme und Uniformen. Fritz suchte Walters Gesicht. Aber da war nichts als die schneematte Dunkelheit um sie herum, in der alles weiß zu weinen schien oder schwarz, keine Farbe und kein Zwischenton. Kein Gesicht.

„Ich denke, du kennst dich hier aus!“, sagte er vorwurfsvoll.

„Sag lieber, ich *kannte* mich aus. Stamme hier aus der Gegend. Ein Kilometer weiter. Aber das ist lange her. Fünf Jahre, wenn du es genau wissen willst. Im Herbst 1939 war hier schon einmal alles unterwegs. So wie jetzt wieder. Damals nach Osten. Dorthin, wo jetzt bald der Russe sein wird. Von da haben sie mich geholt, erst zum Arbeitsdienst und dann gleich zur Truppe. Kam dann nur noch ein paar Mal auf Urlaub nach Haus. Und dann soll ich mich mitten in Nacht und Schnee in diesen Wäldern zurechtfinden!“

„Nicht so laut!“, zischte Fritz. „Wenn uns einer hört!“

Walter lachte verächtlich. „Wer soll uns hier schon hören? Ein paar Rehe vielleicht. Oder meinst du die Franzmänner?“

„Wer weiß“, lachte Fritz bitter, „wohin du uns noch führst!“

Der Weg hatte aufgehört. Vorsichtig tastend krochen sie durch das Unterholz und trafen schließlich auf so etwas wie einen Trampelpfad. Fritz musterte die Spuren.

„Rehe“, stellte er sachlich fest. „Muss also ein Bach oder eine Futterstelle in der Nähe sein.“

„Futterstelle!“, spöttelte Walter. „Mitten im Krieg! Nur ein Spinner riskiert in dieser menschenleeren Gegend sein Leben, um Rehe zu füttern. Und außerdem: Futterstellen sind in keiner Karte verzeichnet, wenn du das meinst …“

Dennoch hielt auch er einen Augenblick inne.

„Der Weg führt abwärts. Da kann's nur zur Saar gehen“, flüsterte er und ergänzte dann zögernd: „Aber die Bunker, die müssten in der entgegengesetzten Richtung liegen.“

„Und wahrscheinlich auch die Franzosen“, stieß Fritz zwischen den Zähnen hervor. „Und nicht weit auseinander, wie du weißt. Wenn doch wenigstens einer mal ein bisschen losballern würde! Vielleicht könnten wir uns dann an den Schüssen orientieren."

Sie arbeiteten sich bergan vorwärts, bis der winzige Pfad in einen nicht weniger winzigen, gleichmäßig zugeschneiten Waldweg mündete.

„Keine Spuren. Wir haben uns wenigstens nicht im Kreis gedreht", stellte Walter fest.

„Schön!", spottete Fritz. „Und was sagt uns das sonst noch? Erkennst du jetzt wenigstens die Richtung?"

„Ich denke, da entlang", mutmaßte Walter. Nicht nur seine Stimme, auch sein Arm zitterte leicht, als er nach links zeigte. Sie duckten sich an den Wegrand. Die Dunkelheit um sie her schien noch zuzunehmen. Nicht einmal der Schnee leuchtete. Stille. Nur das Keuchen ihrer Lungen. Dass das Blut rascher in ihren Adern pulste als sonst, meinten sie fast zu hören.

Plötzlich blieben beide wie auf Kommando stehen, hielten den Atem an und lauschten. Äste knackten. Nicht vom Wind. Der war wohl gleichfalls erstorben in dieser unheimlichen Nacht. Rehe? Aber da waren auf einmal menschliche

Stimmen, gedämpft wie die ihren. Irgendwo neben oder vor ihnen. Undeutliche Stimmen. Keine Worte auszumachen. Nur ein einziges schnappte Fritz auf: „Noël!“ Mit einer jähen Bewegung riss er Walter zu Boden.

„Franzosen“, hauchte er. Vor ihnen bewegte sich etwas, erschienen die Umrisse zweier menschlicher Gestalten in Tarnanzügen. Die beiden Deutschen kauerten reglos im Schnee, die Gewehre im Anschlag. Kaum, dass sie zu atmen wagten. Aber die anderen schienen sie bereits bemerkt zu haben.

„Nix Bumbum!“, flehte einer in die Dunkelheit hinein und riss die Arme hoch. Waffen klirrten auf die Erde.

„Noël! Paix!“, fügte die andere Stimme hinzu. Unsicher, als sähen sie Geister, erhoben sich die beiden Deutschen.

„Weihnachten!“, sagte Fritz zu Walter. „Sie schießen wirklich nicht. ‚Weihnachten‘ haben sie gesagt, und dann noch: ‚Frieden‘!“

„So viel Französisch kann ich auch“, feixte Walter und hätte am liebsten losgeheult wie ein Kindergartenkind. Dann ließen auch sie ihre Waffen fallen und blickten die Menschen an, die da plötzlich vor ihnen aufgetaucht waren. Menschen, nicht Feinde standen sich jetzt gegenüber. Als sei der Krieg plötzlich erstarrt, einen Atemzug lang. Und das war er an dieser Stelle wohl auch.

In diesem Augenblick – es war kurz nach Mitternacht, wie man später feststellte – drangen aus dem Tal herauf Töne wie aus einer versunkenen Welt, erst einzeln, zögernd, dann aber kräftig und unüberhörbar durch die neblige Winterluft.

„Dillingen!", stieß Walter hervor. „Die Glocken von Dillingen! Die kenne ich. Jetzt weiß ich den Weg."

„Dillingen!", wiederholte einer der Franzosen und hob lauschend den Kopf. Es klang nicht weniger erfreut als der Ausruf des Deutschen. Vielleicht hatten auch sie sich verirrt. Und vielleicht, wer weiß, kannte auch er diese Glocken, hatte auch er sie irgendwann in ferner Kindheit gehört. Auf der anderen Seite der Grenze.

„Noël", sagte er noch einmal, während Fritz ihm entgegenhauchte: „Weihnachten", bis sie sich alle vier rasch umdrehten und auseinanderstoben.

„Warum nur heute?", sinnierte Fritz, als sie in sicherer Entfernung waren, laut im Weitergehen. „Wenn das wahr ist, was in dieser Nacht und alle

Jahre wieder in allen Kirchen gesungen und gesagt wird, das mit dem Frieden auf Erden – warum ist das alles morgen schon wieder vorbei?"

Walter schwieg. Darüber hatte er bisher noch nicht nachgedacht.

Mancherlei Nachforschungen fanden statt. Aber es wurde nie festgestellt, wer in dieser Nacht entgegen allen Anordnungen der Wehrmacht in dem fast gänzlich verlassenen Städtchen kurz hinter der Front die Glocken hatte läuten lassen. *Vielleicht die Engel,* dachte Fritz. Aber das sprach er nicht aus. Wie hätte Walter oder sonst einer ihn verstehen sollen? Im Sprachschatz des Krieges fehlte die Botschaft der Engel.

# *Quellen*

Erhardt, Simone: Das wundersame Weihnachtsgeschenk. 24 Hoffnungsgeschichten für den Advent. SCM Collection im SCM-Verlag GmbH & Co, Witten 2011.

- Bei Nacht und Nebel (21. Dezember)
- Navids Weihnachtswunder (24. Dezember)

Klevinghaus, Wilma: Ausgerechnet an Heiligabend. Kurzgeschichten. Johannis Verlag, Lahr/Schwarzwald 2009.

- Der Weihnachtsengel
- Die Glocken von Dillingen

Langenberg, Eva-Maria: Wohl zu der halben Nacht. 24 Weihnachtsgeschichten. Johannis Verlag, Lahr/Schwarzwald 2006.

- Der verlorene Schlüssel
- Die kleine Schar

Langenberg, Eva-Maria: Das Weihnachtskind. 24 Geschichten für die Zeit des Advents. Johannis Verlag, Lahr/Schwarzwald 2008.
• Hat einer Miriam gesehen?

Langenberg, Eva-Maria: Der Weihnachtssucher. 24 Geschichten für die Zeit des Advents. Johannis Verlag, Lahr/Schwarzwald 2009.
• Bei Pastors
• Das geschenkte Fest

Möller, Kurt H.: Wieder ist der Himmel offen. Zwölf Weihnachtsgeschichten. Johannis Verlag, Lahr/Schwarzwald 2007.
• Hoher Besuch
• Maria, Petrus und Gernot
• Fröhliche Weihnachten, Frau Ossenkopp!

Olfers-Patocki, Erminia: unbekannte Quelle.
• Karlchens Weihnachten

Schmid, Wieland: Das Lächeln der Hirten.
R. Brockhaus Verlag, Witten 2006.
- Nur Arbeit im Kopf …
- Das Weihnachtsquiz
- Dem Himmel ein Stück näher …
- Ein Baum zu viel
- Schokolade vom Christkind

Leider ist es uns in einigen Fällen nicht gelungen, die Inhaber der Rechte ausfindig zu machen.